TAMBOLINI

PRÉFET DU SECOND EMPIRE

Denizot

Indignatio facit...

COMÉDIE-DRAME

EN CINQ ACTES

1871

ROCAMBOLINI

PREFET DU SECOND EMPIRE

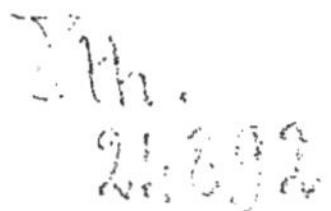

ROCAMBOLINI

PRÉFET DU SECOND EMPIRE

Indignatio facit...

COMÉDIE-DRAME

EN CINQ ACTES

BAR-LE-DUC — LOUIS GUÉRIN, IMPRIMEUR-ÉDITEUR

1871

—

Personnages.

ROCAMBOLINI, Préfet de Béotie.
LA BARONNE DE VAUGENCY.
MADAME DE NANTEUIL, Sœur du Préfet.
GASTON, Fils du Préfet.
LA SENTINE, Chef de police.
DESBOIS, Président du Conseil de Préfecture.
LEMERLE, Secrétaire général.
LE GÉNÉRAL DUROQUET, Candidat officiel.
CHOPART, Candidat de l'opposition.
FAUCONNET, Président du Conseil général.
LEVEAU, Conseiller général.
LEVALLET, Conseiller de Préfecture.
DUTAILLY, Attaché au cabinet du Préfet.
LESAGE, Chef de division de Préfecture.
LAHURE,
MADAME BETINEL, } Familiers du Préfet.
BETINEL,
DUJARRET, Chef du Comice agricole.
LAVERDURE,
DUPIVOT, } Notables de Villedoie.
LAFLÈCHE,
PIERROT, } Hommes de justice.
GRIFFART,
PINSONNET, Notable du chef-lieu de canton.
DUTAQUE, Imprimeur.
LAGNEAU, Avocat.
CARACHOUX, Rédacteur du *Corsaire*.
GODINET, Maître décorateur.
MARCEL, Contre-Maître.
LAFLUTE, Apprenti.
BAGNOLET, Paysan.
LE SERGENT LAGLOIRE, Intendant de la Préfecture
GOUJONNET, et la DOMESTICITÉ du Préfet.
UN CHEF D'ÉMEUTE.
LE GÉNIE.
LA FRANCE.

FESTIN ÉLECTORAL.
RONDE DES CHEVALIERS DE BÉOTIE.
CHŒURS DES CAPTIFS.
CHŒURS DES GUERRIERS.
TABLEAU.

ROCAMBOLINI

ACTE PREMIER

—

SCÈNE PREMIÈRE.

*La scène représente le salon de l'hôtel de la Préfecture, porte au fond ;
à gauche, cabinet du Secrétaire général ayant entrée sur le salon.*

LE PRÉFET, *se promenant dans le salon.*

Enfin, nous sommes installé !... Nous voilà donc devenu
Préfet, de simple journaliste que nous étions !... 30,000 francs
de traitement... un vrai palais pour habitation... une ville
paisible, les administrés qui ne demandent qu'à se courber...
quelle veine de faveur ! Allons ! allons ! Messieurs, avec vous,
j'arriverai à *faire grand* ; et, certes, quand je vous quitterai, je
pourrai assurer à l'Empereur que j'ai fait de vous les plus
aimables esclaves de ses volontés... Je connais votre tempérament... L'intérêt et la crainte... voilà les deux seules
choses qui vous donnent du nerf... Vous trouverez en moi,
je vous le déclare, un Préfet admirablement disposé à tout
faire pour développer en vous cette riche nature. Oui ! je
veux faire de vous des maîtres passés en servilité, et vous
serez de nos meilleures recrues, foi de Rocambolini.

SCÈNE II.

Un valet annonce la baronne de Vaugency.

LE PRÉFET, *allant au devant et lui donnant la main.*

Ah ! chère baronne, soyez la bienvenue. Je suis songeur
aujourd'hui... La nouveauté du pays... la solitude des premiers jours d'installation... l'incertitude sur l'état des esprits dans la contrée... En vérité, sans vous, charmante
baronne...

LA BARONNE.

Je vous arrête... trêve, cher Préfet, trêve de galanterie, et
bannissez vos songes. Croyez-moi, vous êtes le plus heureux
des hommes; vous êtes maître de la place.

LE PRÉFET.

Vraiment!...

LA BARONNE.

Je vous l'affirme.

LE PRÉFET.

Et comment cela?...

LA BARONNE.

Allons, vous y mettez du mauvais vouloir.

LE PRÉFET.

Chère belle, je mets mon ignorance à vos pieds; soyez mon
cicérone.

LA BARONNE.

Ah! de l'ironie!... Pour un Préfet, ce n'est pas une vertu...

LE PRÉFET.

Je ne me moque point.

LA BARONNE.

Prenez garde, l'ironie fait des ennemis...

LE PRÉFET.

Déjà la guerre!...

LA BARONNE.

... Des ennemis... chez les niais, et ce sont les plus dangereux... ne l'oubliez pas, il y a ici beaucoup de petites gens...

LE PRÉFET.

Je vous jure...

LA BARONNE.

C'est cela, jurez à toutes mains... oh! le vilain pécheur
que vous faites!

LE PRÉFET.

Mais, baronne...

LA BARONNE, souriant.

Ne vous défendez pas, cher préfet, nous ne faisons que
cela tous les jours!

LE PRÉFET, légèrement ironique.

Tous les jours!...

LA BARONNE, *sur le même ton.*

Vraiment, j'admire votre étonnement... N'est-ce pas aussi votre péché d'habitude ?

LE PRÉFET.

D'habitude?...

LA BARONNE.

Mais certainement... Je dis plus, c'est pour vous un commandement d'Etat.

LE PRÉFET.

Baronne, que vous êtes méchante !

LA BARONNE.

Dites plutôt que je fais de l'histoire. Ah! messieurs les fonctionnaires, vous voulez faire avec nous les impénétrables...

LE PRÉFET.

J'abdique entre vos mains, baronne... parlez, je suis à vos ordres.

LA BARONNE.

Vous voilà devenu raisonnable; maintenant, écoutez-moi. — Savez-vous ce que l'on dit de vous dans notre bonne cité de Villedoie ?

LE PRÉFET, *intrigué.*

Eh bien ! que dit-on ?

LA BARONNE.

Cela n'est pas difficile à savoir, après notre révolution de cabinet. Devinez..., mais devinez donc !... (*Le regardant malignement et souriant*) : Allons, donnez-moi le bras, je vais vous conduire devant votre Judas. (*Elle l'arrête devant la glace*) : Voyez. . vous avec conservé un air auvergne. Mon cher Préfet, nous ne sommes plus dans les *Rouher*, mais bien dans les *Ollivier*. Il nous faut pour le moment, selon le proverbe, *rester Mongol sous la peau*, et prendre des airs de pasteurs des peuples... Ces airs-là réussissent toujours ..Ne savons-nous pas que les loups ont employé ce stratagème pour se faire *aimer des brebis*... et, dans cette chère Béotie, vous verrez bientôt accourir sous votre houlette nos sots habitants, dont vous pourrez à votre aise faire autant de maîtres Jacques.

LE PRÉFET.

Vous êtes bien dure pour ces gens.

LA BARONNE.

Croiriez-vous, cher préfet, qu'ils ont eu la science de l'impertinence ; et qu'ils nous ont classés... nous *fonctionnaires*... leurs *supérieurs*...; qu'à leurs yeux noussommes la *Colonie*...; mais nous avons tiré vengeance. Leurs plus élégantes sabines sont captives chez nous — par celles-ci nous tenons sous le joug — pères et maris ; — que faut-il faire de ces recrues ? — Voilà le temps de l'action qui est proche.

LE PRÉFET.

Vous n'êtes pas une femme, vous êtes un Talleyrand, Madame, et votre dévouement me confond.

LA BARONNE.

Je veux faire votre fortune politique ; et celle *des miens*. Le destin nous a fait un sort commun ; aidons-nous. — Mais laissons-là ces idées ; revenons aux choses du jour... Avez-vous reçu des instructions de Paris?... Que nous veut le *jouvenceau*... Son idyle est-elle composée ?

LE PRÉFET.

Il songe... à la forme nouvelle...

LA BARONNE.

Allez, Préfet, c'est l'école de Bridoison qui veut faire son tour de France. Cette forme-là est un mensonge, le fond reste toujours le même.

LE PRÉFET.

C'est bien mon avis... nos derniers *Monita secreta* ne laissent aucun doute sur la portée de cette nouvelle révolution de cabinet.

LA BARONNE.

Les nôtres sont conçus dans des termes non moins nets.

LE PRÉFET, *avec étonnement.*

Les vôtres !...

LA BARONNE.

Sans doute...; ne saviez-vous pas que le baron achève son surnumérariat au Sénat, et que son temps de Préfet, *in partibus,* touche à sa fin ?

LE PRÉFET.

Je l'apprends, et je félicite M. le baron.

LA BARONNE.

Ainsi, cher Préfet, nous devenons alliés pour la lutte.

LE PRÉFET.

En doutez-vous ?... L'opposition s'arme contre nous, et...

LA BARONNE, *se levant pour se retirer.*

L'opposition peut s'armer; (*Souriant*) : Capoue tient ses soldats dans nos fers.

LE PRÉFET.

Alors, baronne, ne remettons pas l'attaque.

LA BARONNE.

J'accepte ; au revoir.

(*Le Préfet la reconduit.*)

SCÈNE III.

LE PRÉFET, *seul.*

Vive mon étoile.... quel renfort ! Un génie politique aux doigts de rose, au milieu de la Béotie — *rara avis.* — Décidément, Messieurs de l'opposition, vous êtes morts et bien morts, attendez-nous à l'œuvre.

SCÈNE IV.

L'appariteur annonce La Sentine, chef de police.

LE PRÉFET, *assis.*

Vous arrivez à propos, je suis impatient d'entendre votre rapport,... que dit le peuple ?

LA SENTINE.

Le peuple prend goût aux amusements...

LE PRÉFET.

Il faut développer ce goût, et prendre pour cela *certaines mesures....*

LA SENTINE.

La chose est faite. Les cabarets s'organisent à la porte des ateliers ; le nombre des lieux de plaisirs est doublé : matin et soir l'ouvrier peut chanter les joies de Bacchus et de Vénus.

LE PRÉFET.

Bien, je vous félicite, c'est un bon commencement. Mais il
y a *autre chose* à faire. Le peuple veut quelquefois raisonner.
Il faut l'empêcher d'avoir cette pensée. L'opposition a des
apôtres très-habiles... si la doctrine de ces apôtres était un
seul instant comprise... vos efforts seraient perdus.

LA SENTINE.

Sans doute... aussi nous avons le théâtre... la petite
presse...

LE PRÉFET.

C'est cela.

LA SENTINE.

Je me suis assuré pour l'avenir d'un répertoire composé de
pièces à femmes...

LE PRÉFET.

Excellente école, j'en conviens.

LA SENTINE.

J'ai choisi ce théâtre comme notre morale en action.

LE PRÉFET.

Fort bien.

LA SENTINE.

La petite presse en sera le catéchisme.

LE PRÉFET.

Parfait...

LA SENTINE.

Le peuple une fois habitué à ces jouissances...

LE PRÉFET.

Oui... je vous devine... ne prendra guère souci des criailleries philosophiques de cette cohorte d'esprits raisonneurs,
écrivassiers et tracassiers, qui cherchent à détruire l'empire.

LA SENTINE.

C'est bien ce que je crois.

LE PRÉFET.

Vous êtes un habile homme, Monsieur La Sentine, et je
ne doute pas de votre dévouement à nous servir. J'applaudis
fortement à vos conceptions ; mais n'en oubliez-vous pas une
essentielle... A propos, la loi sur les coalitions...

LA SENTINE, *vivement et avec étonnement.*

La loi sur les coalitions...

LE PRÉFET.

Assurément, ne vous a-t-elle rien appris des *fins secrètes ?*...

LA SENTINE.

Je vous comprends.

LE PRÉFET.

Vous me comprenez... parlez.

LA SENTINE, *avec un air fin.*

Je ne suis pas un Machiavel; mais si je ne me trompe, cette loi signifie que l'ouvrier a le droit de prendre le patron par la famine, et de mourir de faim lui-même ; de sorte qu'en périssant tous deux, l'affaire devient claire pour nous. (*Il rit*).

LE PRÉFET.

Sans doute, sans doute, cela peut arriver ; mais le but de cette loi n'est pas de faire périr l'un ou l'autre — ce but est plus politique. Il fallait, entendez bien, rompre cette force que créaient dans l'Etat *le crédit et les traditions de discipline* chez la famille industrielle ; et cependant laisser vivre ses membres épars et affaiblis.

LA SENTINE.

C'est cette fin secrète...

LE PRÉFET.

En doutez-vous... l'Empire ne doit pas souffrir de force en dehors de la sienne.

LA SENTINE.

Alors, c'est cette force qu'il faut...

LE PRÉFET.

Oui ! briser sans retard.

LA SENTINE.

Cependant je croyais que le théâtre,... la petite presse,... les lieux de plaisir...

LE PRÉFET.

Erreur, Monsieur La Sentine, cela ne peut suffire.

LA SENTINE.

Le nouveau moyen de détruire... (*Il cherche.*)

LE PRÉFET.

Il n'est besoin de chercher... c'est chose facile. Prenez

l'ouvrier, et, lui montrant son patron, dites-lui : Voilà ton ennemi.

LA SENTINE.

En effet, Lafontaine l'a dit : « Notre ennemi, c'est notre maître ».

LE PRÉFET, *continuant.*

Puis *attachez-lui au flanc l'envie*, et bientôt entre le patron et l'ouvrier s'allumera, soyez-en sûr, une guerre *sourde* et *éternelle*, qui les *affaiblira* tous deux au profit de notre domination.

LA SENTINE.

En vérité !...

LE PRÉFET.

Vous avez lu l'histoire des Césars...

LA SENTINE.

Certainement.

LE PRÉFET.

Vous avez retenu leur devise...

LA SENTINE.

Panem et Circenses...

LE PRÉFET, *se levant et marchant.*

Ajoutez le mot *diviser.* (*Il fait quelques pas*). Je me résume : *Faire dès brutes et des Prétoriens*, c'est là notre fin suprême et *secrète.* (*Se retirant*) : A demain, Monsieur La Sentine. (*Il sort.*)

SCÈNE V.

LA SENTINE, *seul.*

Quel homme !... Quelle force !... Il enfoncerait l'Empereur lui-même, si celui-là pouvait être enfoncé.

(*Au moment où il va sortir, la porte de gauche s'ouvre et apparait Madame de Nanteuil.*)

SCÈNE VI.

MADAME DE NANTEUIL.

Vous, seul ici ?...

LA SENTINE.

Madame, je quittais...

MADAME DE NANTEUIL.

Le Préfet?... où est-il allé ?...

LA SENTINE.

Il a pris par le grand escalier.

MADAME DE NANTEUIL.

Il est insaisissable, ce Préfet !... (*La Sentine s'incline pour se retirer.*) Demeurez là, Monsieur La Sentine ; puisque je vous trouve, je vous demanderai un renseignement. (*A part*) : Si j'osais, ah! bah, il faut que je sache. (*Haut*): N'avez-vous rien à m'apprendre sur les dames de ce pays? — Les classez-vous ?...

LA SENTINE.

Nous sommes obligés, Madame, de les classer. — Hélas !... beaucoup tombent au matin de leur printemps... beaucoup plus... se traînent fanées dans cette poussière humide que l'on ne nomme pas.

MADAME DE NANTEUIL.

Mais c'est affreux, et le temps où nous vivons est un temps maudit.

LA SENTINE.

Oui, Madame, le luxe effréné du jour a poussé et pousse, le dirai-je ? à la prostitution du corps et de l'intelligence... et nous avons fort à faire du haut en bas.

MADAME DE NANTEUIL.

Cependant, à votre avis, est-ce que notre bonne Villedoie serait...

LA SENTINE.

... Un petit enfer... Il s'y fait un commerce de galanterie...

MADAME DE NANTEUIL.

En vérité ! c'est à fuir... et je vous plains...

LA SENTINE.

Ma profession, Madame, m'oblige à fermer les yeux...

MADAME DE NANTEUIL.

Sans doute, qui ne les fermerait devant ces scandales?

LA SENTINE.

Mais je dois savoir... je dois entendre...

MADAME DE NANTEUIL.

Cela se comprend... vos fonctions... (*A part*) : Si j'osais.
(*Haut*) : Eh bien! Monsieur La Sentine, pourriez-vous me dire
le nom de la femme tombée, qui a écrit cette pièce diplomatique? Lisez. (*Elle lui tend le papier*). Remarquez-vous le nom
de *guerre?*

LA SENTINE.

En effet, c'est bien un nom de guerre. (*A part*) : Est-ce possible! cette femme, je la connais. (*Haut*) : En vérité, Madame,
je ne puis découvrir... (*Il examine de nouveau la lettre.*)

SCÈNE VII.

GASTON, *entrant étourdiment.*

Mon père... (*Il regarde à droite et à gauche et, apercevant sa
tante et La Sentine, il s'avance vers eux*). Eh quoi! Belle tante,
un tête-à-tête. (*Se tournant vers La Sentine*) : Un papier rose!...
(*Se tournant vers sa belle tante et plaisantant*) : Je vois avec
plaisir, Belle tante, que vous ne dédaignez pas...

MADAME DE NANTEUIL, *vivement et avec fierté.*

Monsieur, coupez court à vos réflexions...

LA SENTINE, *d'un ton doucereux.*

Blessantes!

MADAME DE NANTEUIL.

Dites, impertinentes. (*Elle regarde Gaston des pieds à la tête.*)

GASTON.

Mon Dieu! Belle tante, que vous êtes irritable!... je regrette
vraiment...; pour un méchant petit papier...; tenez, je lui en
veux à ce papier. (*Il le saisit des mains de La Sentine, et va le
déchirer.*)

MADAME DE NANTEUIL.

Ne déchirez pas !...

GASTON, *plus étonné, regardant sa tante et La Sentine, laisse
tomber le papier.*

Eh! mais, je crois comprendre.... Monsieur La Sentine, vous
paraissez faire ici un métier de traître.... Et vous, Belle tante...,
votre curiosité vous pousse...

LA SENTINE, *se levant vivement.*

Je prends Madame à témoin... (*Il fait quelques pas, et se rap-
proche de la fenétre.*)

MADAME DE NANTEUIL.

Tout beau, cher neveu, ma curiosité n'est point indiscrète —
et je vois que, pour un diplomate en herbe, vous apprenez à
placer vos alliances un peu bas.

GASTON.

Un peu bas!... Ah! je m'en défends; je les place très-haut...
Il faut faire campagne pour devenir bon soldat.. En diplo-
matie, puisque vous avez dit le mot, j'aime à me lancer en
franc-tireur....

MADAME DE NANTEUIL, *ironiquement.*

Dans le monde des Carpeaux, à ce qu'il paraît.

GASTON, *étourdiment.*

Ne touchez pas aux Carpeaux, groupe trois fois admirable!..

MADAME DE NANTEUIL, *avec dédain.*

Trois fois exécrable !...

GASTON, *avec enthousiasme.*

Cette chair vivante...; ce frémissement de formes sous les
amoureux désirs.....

MADAME DE NANTEUIL.

Fi donc ! c'est affreux ! c'est un scandale vivant qui offense
la pudeur...; une excitation à la débauche...

GASTON, *avec véhémence.*

C'est le miracle renouvelé du ciseau qui créait Pygmalion.

MADAME DE NANTEUIL.

C'est la honte du temps !

GASTON, *avec animation.*

C'est la glorieuse école de l'Empire chaudement gravée
dans le marbre.

MADAME DE NANTEUIL.

Dites, l'infâme école de la corruption, dont l'image officielle
souille et le marbre et nos regards.

GASTON, *avec ironie, et haussant les épaules.*

Je le vois; Belle tante, la chair ne vit plus en vous... vous
vivez dans la chair...; aussi les choses de l'art...

MADAME DE NANTEUIL, *irritée.*

Je suis indignée devant votre cynisme et vos impertinen-
ces !... (*Elle sort.*)

SCÈNE VIII.

GASTON, *agité, allant et venant.*

Encore les nerfs... ah ! les nerfs... (*S'avançant vivement vers
La Sentine, et lui prenant les mains*) : Quoi ! vous m'auriez trahi...
Ce papier, qui vous l'a livré ?

LA SENTINE.

Remettez-vous, je vous prie... il n'y a de traître que votre
étourderie.

GASTON.

Votre plaisanterie...

LA SENTINE.

Je vous jure...

GASTON, *échappant les mains de La Sentine.*

Mais cette lettre, vous la lisiez.

LA SENTINE.

Madame m'en avait prié.

GASTON, *avec étonnement.*

Vous en avait prié !... Je ne puis croire... (*Il marche*). En
vérité ! (*Puis s'adoucissant et revenant vers La Sentine, qui ne
ne l'a point quitté des yeux*) : Voyons, de grâce... expliquez-
vous...

LA SENTINE.

Le fait est simple. Madame possédait cette lettre ; comment, je l'ignore...; elle a voulu connaître le nom de la
femme...

GASTON, *vivement.*

Et ce nom, vous le lui avez... (*Il s'arrête pour lire dans les
yeux de La Sentine.*)

LA SENTINE.

Caché...

GASTON, *avec inquiétude et vivement.*

Quel est-il ?...

LA SENTINE.

Vous teniez... (*Gaston cherche, et La Sentine apercevant le papier à terre, le ramasse et le présente à Gaston*): Le voici. — Lisez et devinez — le genre est nouveau.

GASTON *prend vivement, et lit des yeux, puis avec surprise.*

Et moi qui croyais... mille pardons, Madame de Nanteuil, je ne suis pas en cause. (*Il relit haut.*)

Mon doux Chevalier,

Aimez-vous assez votre Carpinette pour réjouir son petit cœur, en lui faisant l'aumône d'une douce causerie? Demain le logis sera sûr. J'envoie Actéon courir les bois.

Votre CARPINETTE.

P. S. — L'intraitable Carachoux est dans nos filets. Je le traite en lion amoureux.

(*Gaston reste intrigué et rêveur.*)

LA SENTINE.

Comment trouvez-vous ce billet diplomatique ?...

GASTON.

Admirable !... se faire adorer d'une femme et la faire travailler pour son compte. J'adopte la chose...

LA SENTINE.

C'est un peu scélérat...

GASTON.

Du tout... je copie la nature.

LA SENTINE.

Vous m'étonnez.

GASTON.

Voyez ce qu'elle a fait pour cet aimable oiseau, de l'ordre des *Mormons*, d'après Buffon, et que l'on nomme coucou.

LA SENTINE.

Chez lui, c'est seulement affaire de bon voisinage.

GASTON.

Bravo !... Vous y êtes... chez nous aussi.

LA SENTINE.

Illusion de jeune homme; chez nous ces galanteries cachent un habituel commerce de *trahisons,* dans lequel sont devenues *fort habiles* vos grandes dames.

GASTON.

Vous me surprenez !...

LA SENTINE.

Ecoutez... je sais que ce commerce est né des besoins de
notre politique, et que sa monnaie a cours forcé. — Mais voulez-vous connaître la bonté de cet avis, laissez-vous tomber
dans les mains de Carpinette, cette femme...

GASTON.

Qu'importe !... j'y cours. Son nom?... sa demeure...

SCÈNE IX.

L'appariteur annonce M. Betinel.

LA SENTINE.

Tenez, Monsieur Betinel arrive à temps... il peut vous
donner son nom et vous conduire à sa demeure. (*A part*) : Il
en a conduit bien d'autres.

BETINEL, *obséquieusement, et se pliant en deux pour saluer Gaston.*

Monsieur... pour vous servir... à votre désir... si je puis...

LA SENTINE.

Assurément... vous le pouvez.

GASTON.

Monsieur La Sentine me parlait des Lucrèces de ce pays.

BETINEL, *avec importance et sans comprendre l'ironie.*

Oh! sans doute, Monsieur La Sentine a voulu se moquer...
des Lucrèces sous un César ; c'est un anachronisme...
L'histoire...

LA SENTINE.

Laissons l'histoire, Monsieur Betinel, les Lucrèces en ques-
tion sont tout autres.

GASTON.

Evidemment...

BÉTINEL.

Ah! je comprends maintenant. (*D'un air important et de demi-
confidence*) : Nous les connaissons...

GASTON.

C'est précisément ce que disait Monsieur La Sentine.

LA SENTINE *à Betinel.*

Avez-vous entendu parler d'un certain Carachoux ?

BETINEL.

Mieux que cela. Il est aujourd'hui l'ami de la maison ; c'est une fière acquisition. Ici il n'y a que madame Betinel pour faire de ces captures, et je venais tout droit l'apprendre à M. le Préfet.

LA SENTINE, *bas à Gaston, ironiquement.*

Que dites-vous de cet indigène ?...

GASTON *à Betinel.*

Je félicite Madame... (*Bas à La Sentine*) : Ravissant, — première crème de Béotie.

LA SENTINE *à Betinel.*

Ces captures, Monsieur Betinel, rapportent de jolies rançons.

BETINEL, *d'un ton mielleux.*

Le désir seul d'être agréable à M. le Préfet...

LA SENTINE.

J'entends. — Voilà du coup votre beau-père fait conseiller général aux premières élections.

BETINEL.

Ce serait trop d'honneur... mais pour obéir à M. le Préfet...

GASTON.

Je veux moi-même assurer Madame, des bonnes grâces de mon père.

LA SENTINE, *bas à Gaston.*

Imprudent...

BETINEL *à Gaston.*

Monsieur daignerait...

GASTON.

Oui, oui, Monsieur Betinel, on ne saurait trop honorer le mérite. (*Bas à la Sentine*) : Je cours... (*Haut*) : Monsieur Betinel, je vous quitte, enchanté d'avoir pu apprécier votre dévouement. (*Il tend la main à La Sentine.*)

LA SENTINE *se levant et lui prenant le bras.*

(*Bas à Gaston*) : Il est trop tard, le coupé du général l'emmène en ce moment. (*Haut à Gaston*) : Permettez-moi de vous accompagner. (*A M. Betinel*) : Je vous abandonne à votre heureuse chance, Monsieur Betinel, au revoir.

GASTON, *sortant, tenant par le bras La Sentine, sans faire attention aux saluts répétés de M. Betinel. Haut et regardant avec étonnement La Sentine.*

Du général.... ainsi ce billet à échéance de demain, serait pour lui...

LA SENTINE.

Hum !... pour cette fois... non pas... (*Ils sortent*).

SCÈNE X.

BETINEL, *seul, ayant entendu les derniers mots.*

Hein ! un billet à échéance... Je devine... encore une dette de jeu du général... Celui-là prodigue l'argent comme la mitraille en un jour d'émeute ; il faut le voir; et le préfet... encore un... mais chut !... Ces gaillards-là tiennent le balai par le manche. Serrons les rangs près d'eux. Madame Betinel me le répète souvent : saluons les soleils levants, et restons sous leurs rayons ; de toutes façons les honneurs tomberont sur nous... (*Il se promène les mains derrière le dos et fredonne*) : « Os de poulets..., os de pigeons... » (*Il s'arrête.*) Comprend-on ce niais de Carachoux ; ses opinions gâtent tout. — J'ai eu beau lui dire cent fois : Voyons, Monsieur Carachoux, plus d'opposition systématique, flattons donc ceux du logis, — pensons et vivons comme eux. Diable , nous le faisons bien , — impossible à moi de lui faire amener son pavillon. Je m'avise de le présenter à ma femme, et ma foi, c'est à n'y pas croire, ce loup enragé devient un vrai mouton attaché à ses pas. (*Avec exclamation*): En voilà une prise qui va joliment vous plaire, Monsieur le Préfet. (*Il marche.*)

SCÈNE XI.

Le valet fait entrer Madame Betinel.

MADAME BETINEL *à Betinel, d'un ton sec et de reproche.*
Vous ici ?... qu'est-ce à dire ?...

MONSIEUR BÉTINEL.

Mais, chère Fany, je venais annoncer ta victoire sur Carachoux.

MADAME BETINEL, *froissée et avec dédain.*

De quoi vous mêlez-vous..., vous ai-je permis... (*Haussant
les épaules*) : Vous êtes un idiot..., sortez !...

(*M. Betinel sort bouleversé.*)

MADAME BETINEL, *seule.*

Est-ce croyable !... quelle idée saugrenue a traversé son
cerveau ? — Engagez donc des intrigues pour un sot animal
comme celui-là !... Je brave tout pour faire habiller ce man-
nequin en conseiller de Préfecture, et *m'assurer mes droits
dans le monde officiel* — à chaque pas je marche sur ses
sottises...

(*Le Préfet entre.*)

SCÈNE XII.

LE PRÉFET.

Je ne vous attendais pas, chère amie, quel événement...

MADAME BETINEL, *souriante.*

Mon Dieu, je suis venue, il est vrai, à l'improviste —
M. Pinsonnet, maire de la Souche, a une vilaine affaire ;
son conseil lui demande, je crois, des comptes ; ça l'a-
gace — il est accouru chez moi, et je viens vous le recom-
mander.

LE PRÉFET.

Cela suffit, chère belle.

MADAME BETINEL.

Son crédit sur les paysans s'étend à dix lieues à la ronde
et (*en souriant*) : c'est mon banquier... Je vous en préviens,
les républicains veulent un scandale, et sont à ses trousses ;
— C'est tout. — (*en riant, et affectant un air grave*) : Adieu,
Monsieur le Préfet ; je ne vous parle pas de Carachoux, je le
tiens à mes pieds comme une chancelière. Aux élections,
vous aviserez. A demain. (*Ils échangent un sourire, et le Préfet
lui baise la main. — Elle sort.*)

SCÈNE XIII.

LE PRÉFET, *se parlant à lui-même en se dirigeant vers la sonnette.*
Adorable petit démon, je mets la Béotie entière sous ta loi.
(*A l'appariteur*): Mandez le chef de comptabilité; envoyez
appeler l'architecte. (*L'appariteur sort.*)
LE PRÉFET, *d'un air préoccupé, et se parlant à lui-même.*
Oui..... c'est bien l'affaire capitale..... Ce budget.....
comment l'ont-ils établi?... Gouverner, sans savoir se créer un
patrimoine, c'est vouloir rester dupe de l'Etat ; et je ne sache
pas que nos grands dignitaires entendent ainsi le métier...
A l'œuvre, et taillons large, à la manière de nos Excellences.
Ils ont inventé les virements ; nous en userons.

SCÈNE XIV.

LESAGE, *chef de comptabilité, entre avec livres et registres.*

LE PRÉFET.
(*A part*) Il me faut un dévouement aveugle chez cet
homme... son habileté consommée... (*Haut*) : Quels sont vos
appointements?
LESAGE.
1,800 francs, Monsieur le Préfet.
LE PRÉFET.
Je les élève de 500 francs, Monsieur Lesage, —vous êtes un de
mes bons employés — vous êtes père de famille.... J'attendais
l'occasion pour vous faire connaitre cette faveur tout excep-
tionnelle.
LESAGE.
Je prie Monsieur le Préfet de croire à la sincérité de ma recon-
naissance, et à mon vif désir de le servir de *toutes mes forces.*
LE PRÉFET.
Fort bien... Pour le moment, je vous ai fait appeler afin
d'avoir un renseignement sur mon budget personnel. —
Quelles sont les bases de vos crédits?...

LESAGE.

Il n'y en a pas.

LE PRÉFET.

Vous m'étonnez ; expliquez-vous.

LESAGE.

Autrefois, Monsieur le Préfet le sait, ces crédits étaient déterminés par des ordonnances. Aujourd'hui, avec l'Empire, Monsieur le Préfet le sait également, l'assiette de ces crédits est à peu près laissée au bon plaisir de MM. les Préfets.

LE PRÉFET.

Et que dit le Conseil général ?

LESAGE.

Je dois la vérité à Monsieur le Préfet ; eh bien ! le Conseil *dîne et approuve.*

LE PRÉFET, *souriant.*

Mais cependant...

LESAGE.

Oh ! il n'y a pas à y prendre garde en aucune façon. — Nous préparons les dossiers dans les bureaux ; puis nous remettons aux Commissions le travail dressé d'après les instructions de M. le Préfet. Ces Commissions, composées de membres *choisis,* en proposent immédiatement l'adoption. Le Conseil, qui se réunit pour la forme, n'a qu'une pensée : plaire à M. le Préfet, en approuvant.

LE PRÉFET.

La Commission fait bien, le Conseil agit sagement. On ne doit jamais discuter les volontés du premier magistrat du département. Quels sont les chiffres de ces crédits ?...

LESAGE.

Il y a le crédit pour le mobilier : celui-là est important. — Il a été porté successivement de 50,000 fr. à 60,000 fr., puis à 70,000 fr., et en dernier lieu à 90,000 fr.

LE PRÉFET.

Ces chiffres sont en effet considérables ; après tout, mes prédécesseurs devaient avoir des raisons...

LESAGE.

Assurément. — Ainsi, le passage de Leurs Majestés, — la visite du Maréchal...

LE PRÉFET, *à part.*

Très-intelligents, mes collègues; ils saisissaient tous les prétextes.— Je ne veux être en reste avec eux. (*Haut*) : Il faut porter ce crédit au chiffre rond de 100,000 fr. Vous motiverez cette augmentation sur les réceptions du concours régional. — Prenez soin d'informer le Conseiller Président désigné de la Commission budgétaire.

LESAGE.

Monsieur le Préfet peut compter...

LE PRÉFET.

A propos, que diable mettiez-vous dans ces crédits?

LESAGE, *continuant son exposé.*

Il y a à côté de ce crédit, le crédit pour l'entretien des bâtiments.— D'habitude on fait jouer ces deux crédits ensemble, à l'aide de virements, jusqu'à ce qu'ils soient épuisés l'un l'autre;—alors nous ouvrons les crédits supplémentaires que, d'ordinaire, on présente à l'approbation du Conseil, après emploi.

LE PRÉFET.

Très-bien pour la manœuvre des crédits. Mais, je vous le répète, que mettiez-vous dans le chapitre des crédits?...

LESAGE.

On verse dans ces crédits départementaux, à côté des frais d'entretien de bâtiments, d'achat et de restauration du mobilier, savoir : (*Très-vite*) Les frais de changement d'installation à chaque mouvement de préfecture; ceux de remontage des pendules, de blanchissage des rideaux, de battage des tapis, de nettoyage des lampes, d'encausticage des planchers, de balayage de la rue, des cours. Les frais de culture du jardin, les dépenses pour achat de fleurs, et de pots à fleurs, terreau, terre de bruyère, de barcelonnettes et balançoires, si M. le Préfet a de la famille. (*Ici, Lesage fatigué, s'arrête pour respirer et se moucher.*)

LE PRÉFET.

Reposez-vous, Monsieur Lesage.

LESAGE, *reprenant de plus belle.*

Ce n'est pas tout : on y comprend la paille et le fourrage des chevaux, le gage des valets de chambre, d'écurie, celui du concierge, du jardinier ; les dépenses pour piano, billard, écrans, bûche en fonte, cuveaux, tinettes, chauffrettes, essuie-mains, torchons, fer à repasser, crachoir, indispensable, celles pour argent de poche de Monsieur, de Madame...

LE PRÉFET, *l'arrêtant.*

C'est impossible, je suis veuf.

LESAGE.

Cela s'est toujours fait. (*Il s'arrête*). Du reste, les dépenses peuvent rester au même chiffre, il suffit d'en changer les causes.

LE PRÉFET.

Ah ! c'est différent... je serais curieux de savoir par quel moyen...

LESAGE.

Rien n'est plus facile — je fais créer une note de dépense quelconque pour entretien de bâtiments ou de mobilier ; le montant en est égal à la somme des fournitures faites à Monsieur et à Madame, ou encore à celle des gages dus aux gens de service. — Cette note fictive, dûment certifiée par notre entrepreneur ordinaire, visée par l'architecte, est ensuite jointe comme pièce de dépense ; c'est ainsi que je solde le compte particulier de la maison de M. le Préfet, et le traitement de 30,000 francs à chaque bout de l'an, reste net dans la caisse.

LE PRÉFET.

Votre méthode est excellente, je la goûte fort... et vous l'employez...

LESAGE.

Depuis l'exercice du premier préfet envoyé par l'Empereur à la suite du coup d'état.

LE PRÉFET, *se promenant.*

(*A part :*) Ce préfet est un fier gredin. — Voilà ce qui s'appelle une riche méthode, ma foi; il n'y a plus qu'à l'étendre. —
(*Haut :*) Monsieur Lesage, vous êtes un honnête homme; vous
savez comprendre et remplir vos devoirs. J'apprécie fort vos
délicate. fonctions; aussi ce n'est pas à 500 francs, mais à
1000 franc. que je porte l'augmentation de vos appointements;
entendez-vous avec l'architecte pour le changement d'installation, vous irez prendre les ordres de Mme de Nanteuil. (*Il sort.*)

SCÈNE XV.

LESAGE s'cline et ramasse ses registres. *Aussitôt le Préfet sorti, il*
s'arrête ; et se parlant à lui-même :

A la bonne heure ! voilà un Préfet bon enfant, il ne lésine
pas — 1000 francs d'augmentation. (*Il marche et saute de joie,*
se frottant les mains.) Les autres étaient de vrais pillards, sans
le sou, — couverts de protêts. — Il fallait chaque jour courir
au-devant des huissiers, — jamais la plus petite gratification ;
ils mangeaient toujours le tiers disponible du fond d'abonnement. Encore une jolie flouerie là dedans : — ils reçoivent
30,000 francs pour traitement d'employés avec *faculté* d'en
garder le tiers sans avoir à en rendre compte ; — sur dix
préfets, il y en a neuf et demi qui l'empochent, et de pauvres
diables comme nous chargés de famille, nous n'avons pas de
quoi mettre les deux bouts. — Il y a pis — si nous ne sommes
pas assez habiles pour ne faire voir que *du feu* dans tous ces
tripotages au Conseil général, et, ce qui est plus difficile, à
la Cour des Comptes, on nous traite de mauvais employés, et
nous mourons de faim. — Enfin, à la garde de Dieu !...
Avec celui-là (*Il hausse les épaules.*) ça va bien, n'en disons pas
trop — regagnons notre sellette — (*Il se retourne en riant de*
contentement.) C'est égal, je les tiens.

SCÈNE XVI.

LEMERLE, *entrant en même temps que Lesage sort ; il fume, et fait quelques pas pour aller déposer sa canne et ses gants, tout en parlant à Lesage.*

Vous êtes bien joyeux, Monsieur Lesage, qu'y a-t-il donc de nouveau ?

LESAGE.

M. le Préfet a bien voulu me donner un témoignage de sa satisfaction.

LEMERLE, *s'avançant, et fumant toujours.*

Et vous le méritiez bien, mon brave garçon ; toujours le premier au bureau et le dernier à vous reposer. (*Il jette les yeux sur le bureau.*) Tiens, aujourd'hui nous avons pas mal de correspondance ; — dites, je vous prie, au premier attaché de se rendre ici. (*Lesage sort.*)

LEMERLE, *continuant.*

Ce pauvre diable d'employé me fait de la peine ; après vingt années de travail, toucher 1,800 francs... Elevez donc avec cela une famille de cinq enfants. Je ne sais, en vérité, où passent les fonds d'abonnement. Enfin, cela n'est pas mon affaire. — Cependant je n'aime pas voir souffrir sous mes yeux.

SCÈNE XVII.

LEMERLE *à Dutailly, entrant.*

Mon cher ami, nous allons dépouiller la correspondance, prenez vos notes ; ce travail est ennuyeux, j'en conviens.

DUTAILLY, *avec indifférence.*

Je m'y attendais ; — c'est l'ordinaire.

LEMERLE.

Correspondance n° 1. — Lettre de rappel du maire de Lafeuillée. (*Il lit en courant.*)

« Le Conseil a demandé, il y a six mois, l'autorisation de
« construire une maison d'école, et l'envoi d'un instituteur.....»

Ecrivez : — Rechercher cette demande ; — vérifier si le
dossier est en état — si l'on a pris l'avis de la commission des
bâtiments — faire demander au juge de paix un bulletin sur
l'esprit politique de cette commune. — Renvoyer le dossier
au sous-préfet pour donner son avis, et à son retour le disposer pour l'envoi au ministre.

Vous répondrez que l'affaire s'instruit.

DUTAILLY, achevant d'écrire (à part).

Restez des ânes, en attendant, mes braves gens : si vous
demandiez l'ouverture d'un cabaret, cela ne serait pas si long.

LEMERLE, feignant de ne pas l'entendre.

Correspondance n° 2.— Commune du Marais.—Demande en
autorisation de pâturage dans les bois de la commune pendant les mois de juillet et d'août.....

Ecrivez : — Joindre le bulletin politique du juge de paix.—
Soumettre la demande au conservateur des forêts, avec ordre
de provoquer un avis du garde général, de l'inspecteur; et
aussitôt le retour du dossier, le régulariser et préparer son
envoi au ministre.

Répondez que l'affaire s'instruit. (Réfléchissant) : C'est regret-
table : les pièces ne seront pas de retour avant la Saint-Martin.

DUTAILLY.

Pour le coup, ils n'auront pas à se plaindre ; s'ils n'ont pas
d'herbe fraîche, ils auront du foin sur pied.

LEMERLE, à part.

Correspondance n° 3. — Commune de l'Eclair. — Restauration du clocher... (Il relit) Eh mais ! les termes de cette
pétition sont un peu vifs. — Voyez-vous ces conseillers qui
s'insurgent?

« Depuis près d'un an nous sollicitons l'autorisation de
« reconstruire le clocher qui menace ruine... Nous croyons
« devoir nous plaindre vivement des lenteurs de l'adminis-
« tration... »

Les maladroits. — Leur clocher peut tomber, si cela lui plaît. — Les choses n'en iront pas plus vite... — N'est-ce pas cette commune qui a si mal voté?...

DUTAILLY.

Je le crois.

LEMERLE.

Répondez que l'affaire va être en état, et sera prochainement envoyée au ministère. Vous entendez ? — Faites placer le dossier dans le carton des affaires abandonnées temporairement.

DUTAILLY, *haut*.

Encore un intérêt de clocher bien sacrifié !

LEMERLE.

Où diable allez-vous avec vos réflexions? (*Il continue*) : Correspondance n° 4. — Commune de la Pouilleuse. — Demande du Conseil pour allocation supplémentaire de 50 francs au curé et à l'instituteur...

Écrivez : — Réclamer au juge de paix le bulletin sur ces Messieurs. — Se reporter au rapport de l'inspecteur primaire sur leur attitude aux dernières élections.

Répondez que la demande sera soumise au ministre.

DUTAILLY.

Ce sont des simples !... 50 francs !... C'est à peine un déjeûner de secrétaire.

LEMERLE.

Vous êtes bien frondeur aujourd'hui, mon cher Dutailly.

DUTAILLY.

Je suis agacé en voyant tous les jours des réclamations pareilles; et si j'étais maire ou commune, je ferais mes affaires moi-même. Je bâtirais mon école ; je construirais mon clocher; je ferais paître les vaches dans mes bois; je paierais les 50 francs, et j'enverrais à tous les diables ces formalités iniques.

LEMERLE.

Et les besoins de la politique, qu'en faites-vous?

DUTAILLY.

Je séparerais la politique de l'administration, et je dirais à
la politique : « N'espère plus vivre en parasite, — reste hon-
« nête et ne vit plus d'expédients ».

LEMERLE.

D'accord... mais c'est une révolution que vous voulez.

DUTAILLY.

C'est la révolution du bon sens. — Celle-là n'est jamais
dangereuse.

L'APPARITEUR, *apportant des pièces à la signature.*

D'après les ordres de M. le Préfet, un courrier spécial attend
pour les emporter.

LEMERLE *à l'Appariteur.*

Bien. (*A Dutailly :*) Vous pouvez vous retirer, nous continue-
rons tantôt. (*Il prend les pièces et les lit. Vives marques d'étonnement. Il les signe et les rend.*)

(*Le garçon sort*)

SCÈNE XVIII.

LEMERLE.

Que signifie ceci ; singulières instructions : le ton, le fond,
tout diffère de celles parties comme avis confidentiels — sac
à papier — encore un nouveau jeu de préfet ;.... j'ai beau chercher..... me creuser la tête..... au fait, tout cela m'importe
peu — restons secrétaire général. (*Il fait quelques pas et allume
un cigare.*) Comme ce titre-là fait bon effet : Se-cré-taire gé-
né-ral... (*Il excite son cigare.*) Viser, signer, contresigner...,
contresigner, viser, signer... quel joli horizon. (*Il se promène
quelques pas.*) Dire que mon digne père a rêvé cet horizon
pour moi... il faut faire une fin, m'a-t-il dit... tu es jeune,
beau, bien fait ; tu as des succès auprès des femmes... prends-
moi la carrière politique... je verrai le ministre... Bref ! un
jour, d'un coup de plume, me voilà fait secrétaire général.
J'arrive en Béotie... Dieu ! quel pays ! les hommes sont en

chair de melon ; s'arrondir au soleil, c'est toute leur vie...
Les femmes... c'est différent... sveltes, bien prises, des
yeux... ah oui ! des yeux !... ô ravissantes femmes !... hein ?..
on vient. (*Il écoute.*)

SCÈNE XIX.

DESBOIS.

Bonjour, cher, je vous cherchais ; — mais que diable faites-
vous là, — des livres, des correspondances, des rapports,
tout cela étalé,.... quel travailleur !... Vous vous tuerez, cher
ami, avec cette ardeur...

LEMERLE.

Rassurez-vous, mon président, je veux vivre et bien vivre,
croyez-le bien.

DESBOIS.

Bravo ! j'aime vous voir ces idées-là. Un gaillard de vingt-
quatre ans, de bonne famille, ne doit pas s'ensevelir au printemps de la vie dans les ténèbres de la bureaucratie. Regardez-
moi, malgré mes cinquante ans, je suis encore un vert galant.

LEMERLE.

Et du plus beau vert, mon président.

DESBOIS.

Le travail, parbleu, c'est quelque chose ; mais dans notre
carrière il est inutile, entendez bien, il est inutile... N'avons-
nous pas les bureaux et des employés intelligents ?.. laissons
les faire, ils feront toujours mieux que nous-mêmes... tenez,
pour mon compte, dans ma carrière de président du Conseil,
j'ai expédié plus de vingt mille décisions — eh bien ! croyez-
vous bonnement que j'aie pâli dans l'étude de ces vingt mille
parchemins? Du diable, si j'y ai jamais songé : pétitions, mé-
moires, rapports, avec un *Estime*, partaient pour les vingt bureaux... Ils me revenaient bien triés, labourés de considé-
rants, et surtout remorqués par un bon projet de décision que

j'empochais après l'avoir invariablement transcrit en tête d'une formule exécutoire, et.... *la sentence était faite....* Voilà, mon cher Lemerle, comment on sait se débarrasser de l'ennuyeux et jouir de l'utile.

LEMERLE.

Eh ! mais vous me contez la fable des abeilles et des frelons.

DESBOIS.

Sans doute — mais bah ! le public est dans le secret.

LEMERLE.

Dame ! c'est bien trouvé.

DESBOIS, *poursuivant*.

Une seule chose pour nous ; une seule chose est nécessaire... *Intriguer*, c'est l'assise du succès ; mais intriguer en dehors de la femme..., c'est folie ! Rappelez-vous, mon cher, que le plus fin politique, le serpent, ne s'y est pas trompé. Lorsqu'il a eu la femme pour lui, Adam a été lestement mis dedans ; la femme seule sait conduire une intrigue — elle la rend enviable — charmes, faveurs, tout est moyen avec elle ; vous êtes dans un pays favorisé sous ce rapport. Depuis vingt ans nous faisons son éducation ; nous avons ici la colonie et les indigènes...

LEMERLE.

Une colonie et les indigènes !... c'est assez étrange.

DESBOIS.

Oui, c'est unique ; mais cela est propre au pays. — La colonie nous fournit ce qu'on nomme, en terme de chasse, *l'appelant,* l'intrigante de profession ; les indigènes accourent autour, s'apprivoisent et font bien vite école. Ils mettent sans sourciller leur femme dans notre jeu pour notre plus grand agrément... et... ils se trouvent ma foi très-contents, mais très-contents, je vous assure... De temps en temps on leur accorde un pont, un chemin, un poste pour leurs protégés, des fêtes de comices ; ça suffit à la joie de ces bons maris ; avec ces bouts de faveur, ils font les seigneurs auprès des manants, et pendant qu'ils jouent aux bourgeois gentilshommes, et que leur vanité travaille à soumettre l'électeur à nos lois, nous nous amusons avec leurs femmes... et le département se trouve *administré*.

LEMERLE, *se levant, et tendant la main à Desbois.*

Votre philosophie est splendide, je suis des vôtres.

DESBOIS.

Oui, mon cher, nous avons, par droit de fortune, les gros traitements, les honneurs, le prestige. Une bonne philosophie doit nous donner le reste. En politique, sous l'Empire, retenez bien cela, mon jeune secrétaire général, la philosophie est la science de l'intrigue et du plaisir.

LEMERLE.

C'est compris; dès ce jour, je vous le crie, je suis des vôtres.

DESBOIS *se lève, prend le bras de Lemerle, et marchant ensemble.*

Un dernier mot, jeune homme : vous connaissez la fable de la cigale?

LEMERLE.

Certainement.

DESBOIS.

Eh bien ! la cigale était une vierge folle, elle manquait de philosophie. Elle n'a su que chanter. — Ne commettons pas cette sottise, *sachons* chanter et vivre aux dépens de la fourmi.

LEMERLE.

Je ne veux pas d'autre devise. (*La pendule sonne*).

DESBOIS.

Tiens, dix heures et demie. — A propos, voulez-vous me faire le plaisir d'accepter mon déjeûner?

LEMERLE.

Comment donc; mais votre invitation me rend heureux.

DESBOIS.

Je vous réserve une agréable surprise. Nous aurons en tête à tête la baronne de Vaugency. — C'est un démon de beauté et de rouerie. — Tenez-vous bien sur vos gardes.

LEMERLE.

Nous verrons bien. (*Il sonne.*)

(*L'appariteur se présente.*)

LEMERLE.

Demandez le chef de service. — (*Il s'assied en face de la table,*

et rassemblant ses papiers — à part :) Ah! vous avez la baronne,
nous verrons bien. *(Il écrit sur chaque piéce, en redisant à demi-
voix l'apostille:)* Le secrétaire général *estime* qu'il y a lieu *d'instruire, faire suivre d'un projet de décision. (A part :)* Ah! il faut
me tenir sur mes gardes. *(Il continue toujours d'écrire.)*
(Le chef de service se présente.)

LEMERLE.

Voilà, Monsieur, l'ordre du jour. — Faites partir ces dossiers pour leurs bureaux.

(Le chef de service se retire.)
*(Lemerle se léve, et se dirige vers Desbois debout prés de la fenêtre
du jardin.)*

Eh bien! mon cher Desbois, maintenant vous pouvez me
livrer à votre baronne.

DESBOIS.

Allons! tenons ferme.

(Ils sortent.)

FIN DU PREMIER ACTE.

ACTE II.

SCÈNE PREMIÈRE.

La scène représente au fond l'hôtel de la Préfecture, — un jardin en avant séparé du mail par une grille. — Le Préfet sort de ce jardin accompagné de Lahure.

LE PRÉFET.

Je vous le répète, Monsieur Lahure, ce pays est très-pauvre en hommes. — Je cherche l'étoffe d'un député...

LAHURE.

Cependant l'Empire rencontre ici des serviteurs d'un zèle à toute épreuve.

LE PRÉFET.

J'en conviens, — mais il faut à l'Empire des hommes habiles. Un bon député doit avoir les dehors de l'homme désintéressé, indépendant; nous garder un dévouement secret et absolu; et savoir se glisser dans les rangs de nos ennemis pour les contenir, ou les détruire à notre gré. — Voilà le vrai député de l'Empereur.

LAHURE.

Cette mission, je l'avoue, est délicate.

LE PRÉFET.

A votre avis, vos principaux personnages seraient-ils en état de soutenir ce rôle?

LAHURE.

Peut-être.

LE PRÉFET.

On parle beaucoup de Messieurs Dujarret, Laverdure et Dupivot — Quel est votre sentiment *secret?*

LAHURE.

M. Dupivot est un homme doucereux, habile; mais c'est ce que l'on appelle vulgairement *un lâcheur superbe*; s'il peut tirer les marrons du feu, il les garde.

LE PRÉFET.

Vous êtes bien certain?

LAHURE.

Je le connais; c'est mon ami de collége. Pour M. Laverdure, c'est différent. — Il y a bien quelque bruit sur son compte. On parle de fortune ténébreuse; mais c'est déjà ancien; aujourd'hui il veut prendre le haut du pavé. Si on l'aide, il est capable de tout.

LE PRÉFET.

Hum! On peut en faire un instrument. — Que dites-vous de M. Dujarret?

LAHURE.

Franchement, c'est un homme qui a de l'aplomb. Il mugit dans les comices comme le plus bel animal primé... il est tout muscles; c'est un vrai taureau. — Le paysan l'adore; mais après, au demeurant, c'est un sot.

LE PRÉFET.

Ce portrait est dur.

LAHURE.

Si je n'avais voulu être sincère....

LE PRÉFET.

Je vous loue d'une franchise.... J'aperçois ces Messieurs; allons à leur rencontre.

LAHURE, *à part.*

Ils viennent dans la nasse.

SCÈNE II.

LE PRÉFET.

Je parlais de vous, Messieurs; je voulais connaître votre opinion pour le choix d'un député.

TOUS ENSEMBLE, *excepté Lahure, avec étonnement.*

D'un député!...

LE PRÉFET.

Oui, Messieurs, votre *ancien* député s'est rendu indigne de la confiance de l'Empereur.

DUJARRET.

Je le disais bien ; il faisait une opposition...

DUPIVOT.

Systématique.

DUJARRET.

Systématique ! moi, je dis... féroce.

LAHURE.

A la bonne heure, il n'y a que vous pour trouver les expressions heureuses.

LAVERDURE.

A mon avis, le mot de Monsieur le Préfet, le mot *indigne* doit rester.

LE PRÉFET.

Ses votes ont été déplorables, et votre pays en a souffert.

LAHURE.

Il a été traité en déshérité.

DUJARRET.

C'est bien fait.

LE PRÉFET.

La faveur de l'Empereur s'est retirée de lui.

LAHURE.

Oui ! Nos chemins de fer départementaux, nos travaux communaux, nos subventions,... tout nous a été enlevé.

DUPIVOT.

C'est une leçon qui profitera.

LE PRÉFET.

Je l'espère.

DUJARRET.

Si j'étais député, je voudrais qu'il y eût encore une *affaire d'Italie,* une affaire du *Mexique,* une affaire du *Crédit Mobilier* ; je voudrais... qu'il y eût une affaire de *la Caisse d'exonérations,* du *budget* de Paris — un projet de *loi de sûreté* ; (*Appuyant.*) mon vote serait clair, *je voterais des deux mains.*

TOUS ENSEMBLE.

Et nous aurions la même énergie !

LAVERDURE.

Avec l'Empereur, on peut fermer les yeux sur tout.

DUPIVOT.

On pourrait au moins *s'abstenir*, et ne pas donner d'appoint à l'opposition.

LAHURE.

L'abstention est, à mon avis, une lâcheté.

DUPIVOT.

L'abstention sert souvent mieux qu'un vote ; cela trompe les adversaires ; ils croient que l'on se détache et vous font des avances, cela permet de pénétrer dans leur camp.

LE PRÉFET.

C'est en effet une tactique quelquefois nécessaire.

LAHURE.

Comme moyen, alors, j'approuve l'abstention.

LAVERDURE.

C'est aussi mon opinion.

DUJARRET.

Moi ! non ; le vote est fait pour tirer sur l'opposition, et la tuer. Eh bien ! il faut que tout député de l'Empereur *tire* et *tue*.

LE PRÉFET, *se levant*.

Je vous félicite, Messieurs, de vos sentiments, et je compte qu'au jour de la lutte, vous saurez chacun tenir votre poste.

TOUS ENSEMBLE.

Monsieur le Préfet peut en demeurer convaincu.

LE PRÉFET.

Je vous quitte, Messieurs, et je vous dis : A bientôt.

(*Tous s'inclinent et saluent.*)

SCÈNE III.

LAHURE.

Voilà, mes amis, une place à enlever. — Qui de nous monte à l'assaut ?

(*Tous se regardent en silence.*)

LAVERDURE, *rompant le silence*.

C'est votre affaire, Dupivot.

DUPIVOT.

Elle ferait mieux celle de Dujarret.

DUJARRET.

Moi, ça m'est égal, si Lahure n'en veut pas.

LAHURE.

Mes amis, je suis flatté de l'honneur...

LES AUTRES ENSEMBLE, *avec exclamation.*

Comment, tu te mettrais sur les rangs !

LAHURE.

Est-ce qu'il y aurait quelque chose d'étrange?

LAVERDURE.

Nullement, mais tu ne connais pas tes forces.

DUPIVOT.

Il te faudra, mon cher, dépenser trente beaux mille francs.

DUJARRET.

Parbleu !... ce n'est pas trop pour enlever mes paysans. *(Lahure qui le regarde, fait un mouvement d'incrédulité.)* C'est comme cela. En fait de suffrage, les patauds ne connaissent qu'une chose : *Les largesses;* que le pays aille le lendemain du vote à tous les diables, ils ne se soucient guère du lendemain. — Et quand tu auras donné aux communes, aux églises, aux écoles, aux pauvres des hospices, aux pauvres des asiles, aux ouvriers des usines, aux cantonniers, aux gardes champêtres; quand tu auras réglé les pourboires des crieurs, coureurs, porteurs de bulletins et autres, — tu feras le compte.

LAVERDURE.

Et si tu ne réussis pas...

DUJARRET.

Nous sommes traités en déshérités; — tu l'as dit;

DUPIVOT.

Et tu restes désargenté.

LAHURE, *décontenancé.*

Je croyais votre appui suffisant.

DUPIVOT et LAVERDURE, *appuyant.*

Sans doute, c'est quelque chose.

DUJARRET.

Je le crois bien, — nos paysans ne jurent que par moi; —

(*Appuyant.*) et pour *moi* ; — pour les *autres*, ils ne m'écoute-
raient pas.

LAHURE, *froissé.*

C'est clair, la chose vous déplaît.

LAVERDURE.

Tu prends ombrage de tout.

DUPIVOT.

Tu t'aveugles, mon cher !

LAHURE, *avec vivacité et froissé.*

Je ne m'aveugle point. Vous, Laverdure, si je vous asso-
ciais aux pourboires des coureurs ; vous, Dupivot, si j'avais
vos goûts parasites, nous pourrions nous entendre ; quant à
vous, Monsieur le bouvier...

TOUS ENSEMBLE, *avec exclamation.*

Il nous insulte !...

DUPIVOT, *avec une colère froide.*

Parasite vous-même, Monsieur ; parasite avant 48 ; parasite
après ; parasite aujourd'hui. — Ce ruban que vous étalez, vous
l'avez obtenu...

LAHURE, *vivement et se levant.*

Par vingt ans de service...

DUPIVOT.

... De changement de front et de bassesses ; et si votre fille,
la digne Madame Betinel, n'avait pris soin de le ramasser,
avec sa ceinture, dans la chambre d'ami d'un haut fonction-
naire...

LAHURE, *exaspéré, s'élance sur Dupivot.*

C'est une infamie !...

DUPIVOT, *froidement.*

Elle court la ville...

LAVERDURE, *qui s'est jeté au-devant de Lahure.*

Voyons, voyons, Lahure, ne prends pas tant d'émotion ;
ces choses-là, à nous autres, arrivent un peu plus tôt, un peu
plus tard ; — c'est dans le métier.

DUPIVOT, *avec dédain.*

Oui, à vous autres !...

LAVERDURE.

Du dédain !... Vertueux Dupivot, songe donc à tes primes
de délateur de salon.

LAHURE.

Ah ! je m'en doutais, le misérable !

DUJARRET.

Bon ! encore du nouveau ! (*Se levant.*) C'est entendu, vous
êtes tous d'aimables gredins...— Mais vous vous déchirez pour
qui... pour quoi ?— Toi, Lahure, tu veux être député ; — toi
aussi, Dupivot ; — et toi, Laverdure, tu en crèves d'envie. —
Eh bien ! désirs de grenouille ; vous ne le serez ni l'un ni
l'autre.

LES AUTRES ENSEMBLE, *avec étonnement et vive curiosité.*

Qui donc est sur les rangs ?...

DUJARRET, *gravement et avec importance.*

Je tiens l'élection... (*Avant d'achever il regarde autour...*)
Chut ! Voici Carachoux qui s'approche, partons. (*Ils disparaissent. —A part.*) Si la chambre doit se peupler de gens de sac et
de corde en grande livrée, il n'y a pas mieux... C'est la fine
fleur de l'entourage du Préfet.

SCÈNE IV.

CARACHOUX, *seul, s'avançant.*

Disparus !... par où sont-ils allés ?(*Il cherche.*) C'est évident,
ils me fuient. — Race d'intrigants, vous voulez qu'on vous
confie les destinées du pays. Ce n'est pas en couvrant le sol
de vos bassesses, que les mâles pensées, qui font le citoyen
et le représentant du peuple, naîtront dans vos cœurs. Votre
plan est éventé, lâches esclaves du pouvoir. — Vos femmes,
qui vous méprisent, vous ont trahi. Demain le *Corsaire* vous
l'apprendra en vous fustigeant avec sa meilleure lanière. (*Il
continue sa promenade.*)

SCÈNE V.

Le Préfet apparaît donnant le bras à la Baronne.

LA BARONNE.

Votre embarras ne s'explique pas; si les passions politiques
s'agitent, vous pouvez leur mettre un frein par le silence. —
Le torrent ne s'irrite que devant les obstacles.

LE PRÉFET.

Je partage votre pensée; mais qui choisir dans ce pays ? —
Les personnages ne sont pas fameux; et l'opposition, il faut
le reconnaître, a un chef de valeur.

LA BARONNE.

Qui songe-t-on à lui opposer ?...

LE PRÉFET.

Les uns parlent de Monsieur Lahure; les autres de Monsieur
Laverdure; les autres de Messieurs Dupivot ou Dujarret. C'est
un tintamarre étourdissant de demandes, de recommanda·
tions; — je suis littéralement assiégé dans mon hôtel.

LA BARONNE.

Voulez-vous renvoyer de suite ces solliciteurs ?...

LE PRÉFET.

Oh ! certes, sur-le-champ.

LA BARONNE.

Gardez Lahure pour votre commission des finances; — il
fera *voter* votre budget...

LE PRÉFET.

L'idée est excellente. — J'ai besoin pour cela d'un homme
sûr. — Je le ferai Conseiller général.

LA BARONNE.

Nommez-moi Dupivot, Maire de votre chef-lieu, — il vous
fera un bon service d'espion; — par lui, vous aurez la main
sur le conseil. — Maître dans le chef-lieu, vous serez maître
dans le département.

LE PRÉFET.

Vous m'enchantez.

LA BARONNE.

Promettez un bout de ruban à Messieurs Laverdure et Dujarret, et vous tiendrez les votes des campagnes.

LE PRÉFET.

Fort bien; mais où prenez-vous notre député?

LA BARONNE.

Je vous propose le général Duroquet.

LE PRÉFET, *avec exclamation*.

Le général Duroquet!... Vous me donnez là un tyran.

LA BARONNE.

Erreur!...

LE PRÉFET.

Je n'aime guère les soldats; ils sont chatouilleux en diable en matière d'honneur.

LA BARONNE.

Le second Empire a changé ces habitudes-là, — nous avons maintenant des officiers *cuiseurs*...

LE PRÉFET.

Des cuiseurs!...

LA BARONNE.

Oui, des soldats qui font cuire leurs grades du lendemain au foyer de nos salons, de nos boudoirs...

LE PRÉFET.

Vous me surprenez!

LA BARONNE, *se levant*.

Ces gens-là en imposent à la foule, et nous, nous leur en *imposons*. Pour Duroquet, c'est un général tout empire; il a dans le sang... du D...

LE PRÉFET.

La conclusion est claire, j'accepte votre protégé.

LA BARONNE.

Votre bras, Préfet;... promettez-moi le silence vingt-quatre heures.

LE PRÉFET.

Vous êtes obéie...

(*Le Préfet conduit la Baronne du mail dans le jardin de la Préfecture, où il rejoint Madame de Nanteuil; — puis il se dirige seul vers le salon donnant sur la terrasse, et où travaille son Secrétaire général.*)

SCÈNE VI.

LE PRÉFET, *allant et venant.*

(*A part.*) Mes ordres sont donnés, tout marche à souhait. (*A l'appariteur, qui annonce Monsieur Pinsonnet, Maire de La Souche.*) Faites attendre. (*A Lemerle.*) Voyez donc le carton de cette commune ; on m'a parlé d'une plainte contre ce Maire.

LEMERLE *cherche.*

En effet, c'est une pétition de plusieurs habitants... (*Il lit rapidement.*) Ils se plaignent d'abus de gestion...

LE PRÉFET *sonne.*

(*A l'appariteur.*) Faites entrer Monsieur le Maire.

LE PRÉFET, *à Pinsonnet, qui entre en faisant force salut.*

Eh bien ! Monsieur Pinsonnet, on n'est pas content... on se plaint.

PINSONNET.

On se plaint toujours d'un Maire, Monsieur le Préfet, c'est l'habitude.

LE PRÉFET.

Je suis d'accord avec vous... c'est presque de l'acharnement... mais voyons ce *factum*... Veuillez en faire lecture, Monsieur le Secrétaire général ; et vous, Monsieur Pinsonnet, asseyez-vous, et écoutez.

LEMERLE, *lisant.*

« Monsieur le Préfet,

« Depuis dix ans nous avons à la tête de notre commune,
« en qualité de Maire, le sieur Pinsonnet. Sous votre prédé-
« cesseur nous avons, à diverses reprises, signalé des abus
« de son administration. Aujourd'hui, nous venons encore
« appeler votre attention sur de nouveaux abus.

« Depuis près d'un an, Monsieur le Maire a délivré sous des

« noms supposés des mandats de paiement dont il a conservé
« le montant pour payer ses domestiques... »

LE PRÉFET, *éclatant de rire.*

C'est bien imaginé !

PINSONNET, *se levant rouge de colère.*

Oh ! les misérables !...

LE PRÉFET.

Ces attaques-là ne doivent pas vous émouvoir, Monsieur
Pinsonnet... il faut en rire. — (*A Lemerle.*) Continuez.

LEMERLE, *continuant.*

« ... Nous réclamons de votre impartialité, Monsieur le
« Préfet, une réparation de ces abus ; et nous vous demandons
« la destitution de Monsieur Pinsonnet ».

LE PRÉFET, *souriant.*

Vraiment, ce n'est pas mal tourné ; qu'en dites-vous, Monsieur Pinsonnet ?

PINSONNET, *haussant les épaules.*

Rien n'est plus faux ; c'est une atroce calomnie.

LE PRÉFET.

Quand il s'agit d'un homme comme vous, Monsieur Pinsonnet, le Préfet ne veut rien croire.

PINSONNET.

Si Monsieur le Préfet veut accepter ma démission, je la lui
donne de grand cœur ;... ces attaques deviennent tellement
insupportables.

LE PRÉFET.

Du tout ; je ne l'accepte pas. Vous êtes un de mes meilleurs
maires... Je mettrai fin à ces criailleries... Cette calomnie
ne doit pas rester impunie. La justice sera saisie.

PINSONNET.

Que Monsieur le Préfet veuille bien cette fois leur pardonner.

LE PRÉFET.

Une pareille générosité serait maladroite. Il faut que les
calomniateurs soient confondus, et que leur calomnie, en
tombant publiquement, montre avec éclat votre innocence
Le prestige de votre autorité en dépend.

PINSONNET.

Il est vrai; mais s'il y a un procès, cela fera du bruit dans tous les alentours, et nous sommes à la veille des élections...

LE PRÉFET, *se levant et se promenant.*

C'est juste, je n'y songeais pas.

PINSONNET.

L'opposition s'emparerait...

LE PRÉFET.

Cela suffit... Vous pouvez retourner en paix à vos fonctions, mon cher Monsieur Pinsonnet.

(*Pinsonnet s'incline et se retire.*)

LE PRÉFET, *d'un air songeur, se ravisant subitement.*

Arrêtez, Monsieur Pinsonnet. Vous avez dit qu'il serait d'un mauvais effet sur les populations d'entreprendre un procès à la veille des élections. En cela j'approuve votre sentiment. Mais quels sont ces signataires? que font-ils? Vous les connaissez?

PINSONNET.

Assurément; le véritable meneur prend des airs de républicain; je crois qu'il l'est autant que moi; c'est un envieux, voilà tout; — il se nomme Carachoux; il écrit dans les journaux de l'opposition.

LE PRÉFET.

Diable!... est-il dangereux?

PINSONNET.

Oh! très-dangereux. (*A part.*) Il serait mieux à Cayenne.

LE PRÉFET, *préoccupé et se promenant.*

Alors, il faut aller au fond des choses. (*A part.*) Si la presse s'emparait de la chose, elle me ferait un beau tapage. (*Haut.*) Une enquête permettra de répondre énergiquement à ces gens-là.

PINSONNET, *pâlissant, à demi-voix.*

Une enquête!...

LE PRÉFET, *se retournant vivement et le fixant.*

Vous vous troublez — qu'est-ce à dire?...

(*Pinsonnet, se troublant davantage, baisse les yeux et reste comme anéanti sur son fauteuil.*)

LE PRÉFET, *ému et marchant avec agitation.*

Eh quoi ! ces mandats seraient faux ! (*Il revient sur Pinsonnet.*) Vous avouez donc ?... (*Il reprend sa marche.*) Comment !
un maire, un représentant de l'autorité. (*A part.*) Que faire ?...
Cependant c'est un homme de ressources... il a du crédit...
du poignet,... quelle tuile au milieu de mes élections. (*Il garde
quelques instants le silence, puis reprenant.*) Au fait, c'est une
bagatelle. Je vous demande un peu ; un homme riche comme
lui, empocher des mandats de quelques francs... c'est bête.
(*Il marche de nouveau.*) Ma foi, me voilà sûr de lui,... il m'appartient. (*Haut, s'approchant de Pinsonnet.*) Entendez ceci : je pour-
rais vous livrer à la justice... (*Pinsonnet fait un soubresaut...
Le Préfet, qui a repris sa marche, lui tourne le dos.*) Je n'en ferai
rien... mais à une condition... (*Il s'arrête devant lui.*) Vous ser-
virez corps et âme l'Empereur (*Appuyant.*) et *moi-même...* pas
de faiblesse... de l'énergie, de l'audace... et surtout de la pru-
dence... les élections approchent... vous me comprenez ?
(*Pinsonnet fait des signes de tête affirmatifs ; le Préfet, continuant et
sans prendre garde, reprend sa marche.*) Souvenez-vous que vous
n'êtes ni absous ni poursuivi. C'est l'article 75 de la loi qui
vous *protége.*

PINSONNET, *avec étonnement, à demi-voix.*

L'article 75 !

LE PRÉFET.

La loi défend de poursuivre tout agent de l'autorité qui se
rend coupable d'un crime.

PINSONNET, *à part.*

Ah ! je respire...

LE PRÉFET.

L'Empereur n'a pas voulu laisser diminuer le prestige de
l'autorité tombée aux mains d'hommes coupables... Bénissez
la sagesse de l'Empereur.

PINSONNET, *s'inclinant.*

Je la bénis.

LE PRÉFET.

Toutefois, la poursuite peut avoir lieu avec l'autorisation
du Conseil d'état.

PINSONNET, *avec inquiétude.*

Ah !...

LE PRÉFET.

Ne craignez pas ; ces autorisations-là, quand nous le voulons... ne s'accordent *jamais.* Vous pouvez vous retirer, Monsieur le Maire ; à ce soir. (*Pinsonnet s'incline jusqu'à terre et sort.*) (*A Lemerle.*) Répondez aux pétitionnaires que le Préfet leur donne audience. — Vous fixerez cette audience après les élections.—Ajoutez que, d'ici là, leur pétition sera l'objet d'un examen scrupuleux. (*Il sonne. — Au domestique.*) Jean, faites atteler. (*Il prend son chapeau, allume un cigare et sort.*)

SCÈNE VII.

LEMERLE, *seul.*

Encore un gredin qui l'échappe belle. Hélas ! ils sont plusieurs comme lui !... A quoi bon faire aujourd'hui un exemple... — Il s'en sauve, tant mieux ; mais nous lui taillerons une besogne de nègre.

LE PRÉFET, *rentrant subitement, avec une colère contenue.*

Lemerle, connaissez-vous cet article du *Corsaire ?*

LEMERLE.

Quel article ?

LE PRÉFET.

Tenez, je viens de le parcourir ; c'est infernal ! relisez.

LEMERLE, *lisant.*

« Le peuple va être appelé dans ses comices. Les courti-
« sanes et les Don Juan sont en liesse ; leurs intrigues arri-
« vent à échéance. — La tourbe des affamés d'honneur et de
« crédit se dispose à recevoir le prix de son œuvre de cor-
« ruption. C'est l'heure de la curée. Le peuple se range, et at-
« tend docilement les miettes promises de ce honteux festin.
« Pauvre pays, pauvre peuple ! On t'a dépouillé de ta virilité
« pour te donner les instincts de l'homme dégénéré. Le spec-
« tacle de tes comices va encore une fois révéler au monde le

« degré de ton abaissement, et celui de tes despotes... tes des-
« potes t'ont fait renier ta glorieuse origine, et les exemples
« de vertu de tes pères. Si tu ne marches au repentir, tu con-
« sommeras ta décadence... »

LE PRÉFET, *vivement.*

Assez... ne continuez pas la lecture de ces insolences... (*Il
fait quelques pas.*) Comment, dans mon chef-lieu, on laisse
passer de pareils articles !... Faites mander le chef de
police... l'imprimeur... tout le parquet ; je veux sévir de suite.
(*Il reprend son chapeau, sa canne.*) Dans dix minutes je suis de
retour.

SCÈNE VIII.

LEMERLE *se met à son bureau, écrit quelques lettres, sonne.*
(A *l'appariteur.*) Faites porter d'urgence.

(*L'appariteur sort.*)

LEMERLE, *seul.*

Cette fois ce n'est plus une tempête dans un verre d'eau ;...
l'affaire est sérieuse ;... la vipère a mordu ;... cette vipère me
semble fort cacher un mécontent... ils sont tous ainsi faits...
leur convoitise des honneurs n'est pas satisfaite... Vlan !...
ils se jettent dans l'opposition. — On se fait apôtre d'idées...
de principes qu'on n'a jamais mis en pratique.... On caresse
les masses... on les ameute... on se venge...Voilà l'esprit de
l'école *Flourentine...*

SCÈNE IX.

L'appariteur annonce Monsieur Dutaque, imprimeur.

LEMERLE, *à Dutaque.*

Ma foi, Monsieur, vous vous êtes mis dans un véritable
guêpier.

DUTAQUE, *étonné.*

Qu'y a-t-il ?

LEMERLE.

Vous connaissez l'article du *Corsaire.*

DUTAQUE.

Pas le moins du monde.

LEMERLE.

Allons donc !

DUTAQUE.

S'il me fallait lire tout ce que j'imprime, je deviendrais fou.

LEMERLE.

Sage réponse, mais qui ne vous sauvera pas, je crois... Asseyez-vous, et attendez.

DUTAQUE, *à part.*

C'en est fait de mes pauvres annonces... et de mes fournitures d'imprimés. (*Il s'assied triste.*)

(*L'appariteur annonce Monsieur La Sentine.*)

LEMERLE, *souriant, à La Sentine.*

Eh bien ! nous allons faire une captur

LA SENTINE.

En quel pays ?

LEMERLE.

Parbleu, ici.

(*La Sentine regarde autour de lui, et aperçoit l'imprimeur
qui tremble de tous ses membres.*)

LEMERLE.

J'attends le retour du Préfet... (*La porte s'ouvre, le Préfet
entre.*)

LE PRÉFET.

Ah ! Monsieur Dutaque... Monsieur La Sentine... j'ai hâte de vous parler. (*A Dutaque qui tremble.*) Est-ce que vous êtes malade ?... (*Il va déposer ses gants.*) Pouvez-vous m'expliquer, Monsieur, la publication de cet incroyable article du *Corsaire?*... Quel en est l'auteur ?

DUTAQUE.

Monsieur Carachoux...

LE PRÉFET.

Carachoux ! (*Il réfléchit, puis reprenant.*) Et vous avez consenti à vous faire le complice de cet ennemi de l'Empire, en publiant cette page odieuse contre votre premier magistrat ?

DUTAQUE, *balbutiant.*

Je... j'i... j'ignorais...

LE PRÉFET.

Ne répondez pas, Monsieur ; de ce jour, je vous retire les annonces... Estimez-vous heureux, si je ne donne pas, *pour vous,* d'autre suite à cette affaire.

(*Dutaque sort bouleversé.*)

SCÈNE X.

LE PRÉFET, *à La Sentine.*

Comprend-on cet imprimeur ?

LA SENTINE.

C'est un niais.

LEMERLE.

La faute vient surtout de ces Messieurs du Parquet ; on leur dépose un exemplaire... ils le jettent au panier.

LE PRÉFET.

C'est malheureusement exact ; (*Avec colére.*) le ministre ne nous nomme plus que des fats, des brouillons occupés de chiffons et de chasse...

LEMERLE.

Ce sont des créatures de lendemains d'élections ; des placements de famille entre magistrats et amis de magistrats.

LA SENTINE, *à part.*

Bien touché.

LE PRÉFET.

De toutes les créatures, ce sont les pires pour nous ; celles que je redoute le plus. Sur dix, il y a un homme de valeur, le reste est insupportable. (*A La Sentine.*) Faites surveiller Carachoux. Sachez s'il est affilié à une société secrète, et dressez-moi un dossier.

(*La Sentine se retire.*)

SCÈNE XI.

*L'appariteur annonce Monsieur Lafléche, Procureur Impérial,
et Monsieur Pierrot, Substitut.*

LE PRÉFET, *allant au-devant d'eux.*

Vous vous faites attendre, Messieurs ; (*Il les fait asseoir.*)
vous m'avez mis sur les bras un embarras des plus graves.

LAFLÈCHE.

Quel est donc cet embarras, Monsieur le Préfet?... Mon
Dieu, je ne puis croire... je serais désolé...

LE PRÉFET, *d'un ton légérement bref.*

Cela est... et voici le fait : Le *Corsaire* a publié un article
outrageant pour votre premier magistrat, et vous l'avez laissé
passer.

LAFLÈCHE.

Se pourrait-il?... (*Se tournant vers le Substitut.*) Ce sont là de
vos étourderies... je ne puis m'échapper un instant.

LE PRÉFET, *vivement.*

A votre avis, ce serait seulement une étourderie !

LAFLÈCHE.

Evidemment, Monsieur le Préfet, le terme est impropre.
C'est une faute.

LE PRÉFET, *appuyant.*

Très-regrettable... A la veille des élections, m'obliger à
provoquer une répression bruyante. — Cela est déplorable...
(*Il se lève et fait quelques pas, donnant des signes de contrariété. —
Lafléche regarde en silence son Substitut, et lui témoigne par des
mouvements de tête son mécontentement. — Celui-ci se défend de la
même manière.*) Enfin, Messieurs, si le journal n'a pas été saisi,
vous avez le devoir impérieux de poursuivre. J'espère que
vous apporterez dans l'accomplissement de ce devoir une
énergie et une habileté qui vous aideront à réparer ce manque
de vigilance. (*Messieurs Lafléche et Pierrot se lèvent pour se
retirer.*)

LAFLÈCHE.

Je prie Monsieur le Préfet d'agréer mes excuses, (*D'un ton dolent et emphatique.*) et de croire à mon ardent désir de répondre à ses intentions,... qui deviennent une loi pour moi et Monsieur Pierrot.

LE PRÉFET, *d'un ton bref.*

Très-bien, Monsieur ! En vous quittant, j'appelle votre attention sur l'attitude, dans les prochaines élections, des officiers ministériels et fonctionnaires placés sous votre main ; invitez-les à déposer un vote *conforme* aux ordres de l'Empereur.

LAFLÈCHE.

Je puis répondre d'avance de leur attitude, ce sont d'honnêtes citoyens.

LE PRÉFET.

Etes-vous bien certain?... mes rapports secrets me font douter...

PIERROT, *étourdiment.*

Ces mêmes doutes, je les exprimais dernièrement à Monsieur le Procureur impérial. Il y a Me Lagneau ; je l'ai toujours considéré comme un esprit indépendant, fin, énergique ;... en somme, dangereux.

LE PRÉFET.

C'est bien cela ; Monsieur Laflèche, je félicite votre Substitut, il a vu juste.

LAFLÈCHE.

C'est cependant un honnête homme. (*Il jette un regard sévère sur le Substitut.*)

PIERROT.

Assurément.

LE PRÉFET.

Quand un honnête homme possède un pareil tempérament, il est à redouter pour nous; tenez-le en bride.

PIERROT, *étourdiment.*

C'est bien ce que j'ai voulu faire un jour ; mais il a rudement cassé la bride. (*Se tournant vers Monsieur Laflèche.*) Monsieur Griffard l'ancien en sait quelque chose.

LE PRÉFET, *froidement.*

Messieurs, faites aujourd'hui de votre mieux. Cet homme est dans vos mains ; broyez-le, s'il le faut ; je ne veux pas d'esprit indépendant.

(*Laflèche et Pierrot se retirent.*)

SCÈNE XII.

LE PRÉFET, *seul.*

Ah ! Monsieur Carachoux, vous allez jusqu'à l'insulte ; vous criez à la corruption ; vous excitez à la révolte ;... je vous ferai repentir de votre...

(*L'appariteur annonce Monsieur Griffard fils.*)

LE PRÉFET, *avec réserve.*

Quel heureux hasard vous a conduit...

GRIFFARD, *tenant à la main le* Corsaire, *et d'un ton obséquieux.*

L'article du *Corsaire* m'a révolté, et je suis accouru vous le signaler.

(*En ce moment le garçon apporte un pli cacheté.*)

LE PRÉFET, *prenant le pli.*

Votre démarche me flatte ; je connais l'article ; le parquet est saisi. (*Il décachète le pli, le lit, signes d'étonnement.*) Est-ce possible !... (*S'adressant à Griffard.*) Vous avez un parquet aveugle ; il me couve un serpent ;... lisez...

GRIFFARD.

Est-il vrai ? (*Il prend le papier et lit.*)

« Monsieur le Préfet,

« J'ai questionné l'agent Fouillemine sur les habitudes du « sieur Carachoux. Cet agent m'a signalé ses fréquentes con- « férences avec M⁰ Lagneau. Dans ma conviction, connaissant « la valeur de Carachoux, M⁰ Lagneau serait l'auteur de l'ar- « ticle. J'ai cru devoir vous donner en toute hâte ce premier « renseignement.

« LA SENTINE ».

LE PRÉFET.

Est-ce net? (*De mauvaise humeur.*) Voilà de vos exploits, Messieurs de la justice.

GRIFFARD, *très-obséquieusement.*

Sur l'heure je puis commencer l'information ; — est-ce votre désir?

LE PRÉFET, *contrarié, se lève et se promène.*

Vous n'atteindrez pas M⁰ Lagneau ; et cependant il me le faut... Lahure m'avait bien renseigné.

GRIFFARD, *d'un ton doucereux et perfide.*

Monsieur le Préfet peut faire requérir l'information contre M⁰ Lagneau et le sieur Carachoux. Cette instruction, conduite lentement, et avec tout l'éclat que peut permettre la procédure, aura des effets immédiats contre M⁰ Lagneau. Pour le moment son crédit sera éteint, et il sera réduit à l'impuissance. — Si l'instruction ne révèle pas des charges suffisantes pour le traduire en police correctionnelle, je dresserai un rapport *ad hoc* au Procureur général ; et alors Monsieur le Préfet sera maître de son sort.

LE PRÉFET, *le regardant étonné et d'un air d'incrédulité.*

Allez, Monsieur, exécutez votre programme. (*Il se lève pour rejoindre Lemerle dans son cabinet.*)

GRIFFARD, *sortant.*

(*A part.*) Ecraser un ennemi de l'empire sous les apparences de la plus sévère équité, c'est un jeu pour moi, Monsieur le Préfet.

SCÈNE XIII.

LE PRÉFET, *à Lemerle, qui travaille dans le cabinet.*

Lemerle, vous avez entendu Monsieur Griffard ; depuis quand est-il dans ce pays ? Que dit la note de *l'intérieur* ?

LEMERLE *cherche.*

Voici le résumé de la note :

« En passant par le père, épave transformée de 48, esprit « étroit,... orgueil incommensurable ; sentant son renard « d'une lieue ;... donné engagement en blanc ».

LE PRÉFET.

Eh ! de loin on le prendrait pour un aigle ; de près... c'est simplement un faucon.

LEMERLE, *souriant ironiquement.*

Un petit de la dernière couvée, marquée à la lettre D...

LE PRÉFET.

Le terrible Berryer a détruit avec éclat leur dernière couvée, et il a bien fait ; je n'aime pas cette provenance ; — de pareils personnages gâtent tout en forçant les rôles : Lemerle, surveillez-moi la marche de cette affaire.

LEMERLE.

Faut-il disposer des instructions pour les agents des diverses administrations?...

LE PRÉFET.

Je renonce au moyen. Régie, eaux et forêts, directions de contributions, ponts et chaussées, instituteurs, je les mets de côté. Leur armée d'agents a été trop compromise dans les dernières élections ; informez seulement les chefs de ces administrations du choix du candidat ; priez-les d'*envoyer* à leurs agents *un ordre* de vote, avec avis de s'abstenir de toute démarche.

LEMERLE.

Mais de quelle manière espérez-vous faire l'élection?...

LE PRÉFET.

De quelle manière !... Je mettrai cette fois en campagne les conseillers généraux, les conseillers d'arrondissement, les grands propriétaires, tous gens fort habiles, et surtout fort intéressés au maintien de la dynastie.

LEMERLE.

Leur ambition est si avide, qu'aussitôt que vous aurez parlé, ils vont, j'en suis certain, se précipiter les uns sur les autres à travers tout le pays.

LE PRÉFET.

C'est cela. — Ils tiendront facilement le pays sous leurs étreintes ; et l'opposition se brisera, sans le savoir, contre leur influence, qui sera plus puissante, parce que je veux qu'elle soit *occulte.* Duroquet nommé, je défie la gauche de trouver trace de la moindre pression.

LEMERLE, *ironiquement.*

Elle nous devra au contraire des éloges.

LE PRÉFET.

Vous visiterez ces Messieurs, *et leur laisserez verbalement* mes instructions.

LEMERLE.

Monsieur le Préfet met-il aussi de côté les juges de paix ; ils ont été si malmenés lors des vérifications de pouvoir...

LE PRÉFET.

Qu'avons-nous ici pour juges de paix ?

LEMERLE.

L'un est un ancien instituteur ; l'autre un ancien courtier en vins ; l'autre un ancien commissaire de police ; le reste, *ejusdem farinæ,* à peu d'exceptions près.

LE PRÉFET.

Diable, quel singulier recrutement ! — Voilà de bien petites gens que l'on fait siéger. Leurs rapports politiques de ce mois sont-ils intéressants ?

LEMERLE.

Ils sont absolument insignifiants.

LE PRÉFET.

Ma foi, vous chargerez La Sentine de s'aboucher avec ces Messieurs, et de leur communiquer de vive voix mes instructions... A propos, en envoyant l'arrêté de rappel à l'exécution des lois de police, vous inviterez les greffiers de paix à faire savoir aux justiciables, que le Préfet a le droit de remise des amendes pendant *la période électorale.*

SCÈNE XIV.

LA BARONNE, *entrant.*

Vous préparez votre grande bataille. Vraiment, c'est mal à moi de venir troubler vos méditations.

LE PRÉFET.

Grâce à mon aimable alliée, le siége est fait ; il n'y a plus qu'à ouvrir la tranchée.

LA BARONNE.

Le général est à vos ordres ; à vous maintenant d'ordonner l'assaut. (*Elle lui remet un papier.*)

LE PRÉFET, *avec étonnement.*

Un engagement en blanc donné par le général !...

LA BARONNE.

Ne m'avez-vous pas reproché de vous donner un tyran ? Je vous apporte ses fers.

LE PRÉFET.

Baronne, je reconnais mes torts.

LA BARONNE.

C'est donc ce soir, décidément, que vous mettez vos municipaux en curée... J'applaudis à l'idée.

LE PRÉFET.

Aux petits des oiseaux je donne la pature...

LA BARONNE.

Vous aurez fort à faire ; car ces petits ont été engendrés par des oiseaux de la grosse espèce.

LE PRÉFET.

Que voulez-vous ? — Il faut répondre au besoin de chacun ; nos maires de campagnes, nos immenses pompiers des Comices ne comprennent malheureusement que les choses qui se *digèrent.*

LEMERLE.

Chez eux la tête fait poids ; c'est l'estomac qui raisonne.

LA BARONNE.

La victoire est plus sûre...

LE PRÉFET.

Elle nous fait du reste de longs loisirs.

SCÈNE XV.

DESBOIS, *entrant.*

Madame la baronne, je vous présente mes hommages. (*Il serre la main au Préfet et à Lemerle.*)

LA BARONNE.

Il s'agit bien de cela, Monsieur le Conseiller ; nous étudions le chapitre des ruminants, et la manière de les faire voter. Quel est votre sentiment?

DESBOIS.

Moi, je doublerais la ration de foin, avant de leur présenter la cruche électorale.

LA BARONNE, *riant.*

Bravo! mon Conseiller.

LE PRÉFET.

Je ne connais pas, en effet, de plus sot animal que le peuple : instruisez-le, il se tourne contre vous ; — flattez ses instincts, il vous obéit comme un chien du logis.

DESBOIS.

Instruire le peuple est sottise ; la dynastie l'a chèrement appris. Le premier des Napoléon a eu tort, et grand tort de créer l'*Enseignement d'Etat* ; — il a voulu en faire une force dynastique, et cette force est devenue contre lui une force de renversement ; — d'autres, après lui, ont voulu faire de même, et cette force irritée s'est faite révolutionnaire, et enfin socialiste. Mauvais système que l'enseignement d'Etat ; c'est le pire des auxiliaires politiques.

LE PRÉFET.

C'est mon avis.

DESBOIS.

Voulez-vous avoir toute mon opinion? — Eh bien ! oui. — Mieux vaut laisser l'enseignement libre, comme l'industrie ; il agirait pour son compte, et l'Etat n'aurait plus à craindre ses perfides rancunes d'esclave.

LE PRÉFET.

Ma foi, votre système a du bon.

DESBOIS.

Heureusement, le second Empire a pu diviser cette force, et l'engourdir en l'appliquant, chez les masses, aux appétits glouons du bien-être.

LA BARONNE.

Conclusion : *Peuple en liesse, peuple en laisse.*

LEMERLE.

Ce qui fait le désespoir de l'opposition.

LE PRÉFET.

Elle est trop pauvre pour traiter aussi *gaiement* que nous le suffrage universel.

LA BARONNE, *ironiquement.*

Si l'on pesait les votes, ce serait moins gai.

LE PRÉFET.

C'en serait fait de nous... et de l'Empire.

LA BARONNE.

Allons, Préfet, chassons ces sinistres pensées ; — je vous laisse apprêter vos pipeaux rustiques. Adieu...

(*Ils sortent.*)

SCÈNE XVI.

Salle de banquet. — Maires et pompiers. — On touche à la fin.
— Le Préfet se lève et prononce le discours suivant.

LE PRÉFET.

« Messieurs les Maires ! Officiers pompiers ! Je suis fier de
« me trouver au milieu de vous; vous, les plus solides appuis
« de l'Empire...

PLUSIEURS VOIX.

Bravo !... Vive Monsieur le Préfet !...

LE PRÉFET.

« Devant vous, je remercie solennellement l'Empereur de
« m'avoir mis à la tête d'un département, qui compte des
« défenseurs de son trône aussi vaillants qu'*intelligents*...

TOUS.

Vive Monsieur le Préfet! (*Trépignements indescriptibles.*)

LEMERLE, *gravement.*

Officiers, Pompiers et Municipaux, vidons nos coupes !

TOUS.

C'est ça ; vidons nos coupes : — A la santé de Monsieur le Préfet !

LE PRÉFET.

« Oui, Messieurs, oui, mes amis ; car ici je dois me croire « entouré d'amis...

TOUS.

Oui ! oui !... nous sommes vos amis, et nous marchons avec vous!

LE PRÉFET.

« L'Empereur vient aujourd'hui vous demander par ma faible « voix, un député *digne* de vous et *digne* de lui...

UN GRAND NOMBRE.

Demandez-nous celui qui vous plaira !

D'AUTRES.

Oui! oui !... qui vous plaira... Bravo !... Vive Monsieur le Préfet!

LEMERLE.

Officiers, Pompiers, Municipaux, élevons nos verres, et buvons !

TOUS.

Buvons !...

LE PRÉFET.

« Le plus digne, à mes yeux , le plus digne de porter aux « pieds de l'Empereur l'expression de votre amour et de votre « dévouement... est le général Duroquet...

TOUS, *cris confus.*

Vive le général Duroquet !... vive notre député !... vive le député de l'Empereur !...

QUELQUES-UNS.

Qu'il vienne au milieu de nous

TOUS.

Oui ! oui ! qu'il nous donne l'accolade.

LEMERLE, *gravement.*

Versez-vous, Messieurs... prenez des cigares !...

LE PRÉFET.

« L'opposition a levé la tête ; — elle a déjà osé, dans ses
« attaques, aller jusqu'à l'insulte *contre vous...*

DE TOUS LES POINTS.

Contre nous ! (*Grognements de colère contenue.*) A bas l'opposition !... A Cayenne, l'opposition !...

LE PRÉFET.

« A votre député, elle va faire une guerre à outrance, elle
« essaiera contre lui le triomphe d'un ennemi de l'Empereur...
« le citoyen Paul Chopart. — Je vous le dis : faites bonne
« garde ».

PLUSIEURS.

Nous la monterons. (*Cris.*) A bas Chopart ! — A Cayenne,
Chopart !...

PINSONNET, *se levant au milieu des cris.*

Mes camarades !... Après l'éloquent discours que nous venons d'entendre, échauffons nos cœurs en buvant une nouvelle rasade à la santé de Monsieur le Préfet.

TOUS.

Bravo ! Pinsonnet.

QUELQUES-UNS.

Ah ! finaud de Pinsonnet... y sait toujours flairer l'occasion.

LE PRÉFET.

Messieurs, nous allons passer au salon.

(*Tous se lèvent et quittent deux à deux. — Les uns ont la figure
empourprée... les derniers font une rafle de cigares, qu'ils mettent
dans leur poche. — Divers groupes se forment.*)

PREMIER GROUPE.

PINSONNET.

Hein ! camarades, en voilà un Préfet qui sait soigner ses
amis.

PLUSIEURS.

Nous n'avons jamais vu un si bon enfant.

PINSONNET.

Il vous a donné ses meilleurs crus ; ses cigares les plus
fins.

L'UN.

Mille tonnerres, quel vin ! J'en ai le gosier en amour.

L'AUTRE.

Et ses cigares ; ça vous dore les doigts.

PINSONNET.

Chers camarades, un Préfet a toujours des caves pleines des
meilleurs crus, et un fumoir garni,... que c'est comme un
bouquet de fleurs ! — Moi qui suis de ses amis intimes, j'ai
visité tout cela.

L'UN.

Il a toujours de la chance, ce gredin de Pinsonnet. (*Il lui
tape sur le ventre.*)

PINSONNET.

Voyez-vous, il faut se tenir bien avec lui ; ça vous arrivera
de temps en temps. (*Il s'en va.*)

DEUXIÉME GROUPE.

PLUSIEURS.

Voyons, Monsieur Lahure, dites-nous ça. Qu'est-ce que
c'est que le général Duroquet ? Nous ne l'avons jamais vu
par ici.

LAHURE.

Vous le verrez. — C'est un général fameux ; il a des croix
partout... L'Empereur fait tout ce qu'il veut.

PLUSIEURS.

Oh ! Oh ! V'là qu'est bon pour nous !

L'UN D'EUX.

Est-ce qu'il a été à beaucoup de batailles ?

UN AUTRE.

Ben sûr, puisqu'on te dit qu'il a des croix comme une bro-
chette d'alouettes.

LAHURE.

C'est bien cela.

UN AUTRE.

Pourquoi qu'il a été général ?

LAHURE.

Il a été nommé général, parce qu'il était chambellan.

TOUS.

Chambrelan ?...

PLUSIEURS.

Qu'est-ce que c'est que ça, un chambrelan ?

LAHURE, *s'esquive et leur dit* .

Demandez-le à Dujarret.

TROISIÈME GROUPE.

TOUS.

Ah ! oui.

DUJARRET, *qui s'approche.*

Quoi ! un chambellan ! C'est comme qui dirait un brosseur habillé en Suisse... il tient toutes les garde-robes de l'Empereur.

PLUSIEURS.

Ah ! farceur de papa Dujarret... y se moque de nous.

DUJARRET.

Du tout !... Vous avez de la chance de l'avoir pour député. — C'est un fameux lapin ! Y n'a jamais été tué.

TOUS, *avec exclamation.*

Y n'a jamais été tué ?

DUJARRET, *rapidement.*

Quand il cherche les balles, elles se détournent.

TOUS.

Oh !...

QUELQUES-UNS.

C'est-y drôle... Et s'il était soldat ?

DUJARRET.

Ça serait différent.

(*A ce moment Laverdure arrive près du groupe, et Dujarret s'esquive.*)

QUATRIÈME GROUPE.

LAVERDURE.

Voyez-vous, mes amis, j'ai un conseil à vous donner; il faut bien retenir ce que vous a dit Monsieur le Préfet : *Soutenir l'Empereur*. C'est lui qui fait que vous vendez si cher votre blé.

TOUS.

C'est vrai, — nous ne demandons que ça; — qu'y continue, nous serons toujours pour lui.

LAVERDURE.

Si les rouges avaient le dessus, vous seriez ruinés.

TOUS.

Ah ! les gredins ; — y a donc pas moyen de les tuer tous?

(A ce moment le Préfet fait son entrée avec le général Duroquet, en grande tenue. Tout le monde se range à droite et à gauche. Les Maires tiennent le chapeau à la main. Les pompiers rendent le salut militaire.)

LE PRÉFET.

Je vous présente le général Duroquet... votre député, et le député de l'Empereur.

TOUS, *à tue-tête.*

Vive le général !

(Duroquet fait signe qu'il veut parler. — Le silence se rétablit.)

DUROQUET.

Messieurs les Maires ! Officiers pompiers !...

(En ce moment Dupivot s'est approché du Préfet.)

LE PRÉFET, *au général, à demi-voix.*

Ils veulent parler.

DUROQUET *fait un signe d'assentiment.*

Parlez.

DUPIVOT.

C'est un discours.

DUROQUET.

Bien, bien... J'écoute.

DUPIVOT, *lisant son discours.*

« Général !

« ... Quoique nés, tous que nous sommes ici présents,
« au milieu d'un train de culture ; nous avons, comme vous,
« la même origine française, la même communauté d'intérêts
« de culture. Nous cultivons la terre, vous êtes appelé à la
« défendre. Nous sommes des vôtres, vous êtes des nôtres.
« Ainsi nous devons rester toujours unis par ces liens ter-
« restres ; afin d'accomplir en commun le nouveau *sacerdoce*
« que nos suffrages vont vous décerner auprès de l'Empereur.
« Nous jurons tous, pour arriver à cette fin glorieuse, de vous
« prêter, croyez-le bien comme nous, un concours aussi
« dévoué qu'*intelligent.* Vive l'Empereur !

TOUS.

Vive l'Empereur ! vive Dupivot !

DUPIVOT, *reprenant.*

« Au nom de tous les Maires et des Officiers pompiers, je
« vous demande l'accolade ». (*Ils s'embrassent.*)

TOUS.

Vive Duroquet ! vive notre député !

DUROQUET.

Permettez-moi, malgré ma vive émotion, de vous adresser
quelques paroles.

(*Le silence s'établit.*)

DUROQUET.

« Messieurs les Maires ! Officiers pompiers !

(*Il se couvre.*) « Jamais sur le champ de bataille je n'ai trem-
« blé... et devant vous, au milieu de vous... vous le voyez... je
« tremble... (*Bravo !*) mais je tremble d'émotion... (*Bravo !*)
« Vous êtes ivres... de joie ;... je suis ivre... de bonheur ;...
« si vous n'êtes pas belliqueux comme nous autres généraux,
« je sais que tout ce qui se rapporte à l'art des batailles vous a
« toujours vivement intéressés. Mes croix que vous voyez
« briller sur ma poitrine, vous montrent *les honneurs* que j'ai
« conquis. Mais il y en a une qui me manque, et que je veux
« mériter de vous, c'est *la croix de votre reconnaissance* pour
« tous les bienfaits que je jure de vous apporter. Je connais

« vos besoins... Henri IV a voulu que vous ayez la poule au
« pot... l'Empereur veut vous donner la poule aux œufs
« d'or... je lui demanderai ça... pour *vous tous! (Applaudisse-*
« *ments frénétiques.)*

TOUS.

Bravo !...

(Duroquet fait signe qu'il veut continuer.

TOUS.

Chut!... chut!

DUROQUET.

« Messieurs les Maires, Officiers pompiers. *(Il se couvre.)* Je
« veux, avant de nous séparer, applaudir d'avance au courage
« héroïque que vous allez tous déployer, en terrassant au pied
« de l'urne l'*hydre de l'anarchie.* Pour honorer ce sublime cou-
« rage, l'exciter encore par l'éclat de nos chants de triomphe,
« je vous fais don d'une symphonica de Bengale. *(En ce moment
deux valets en livrée apportent sur un riche brancard la symphonica.)*
« Qu'elle vous accompagne jusqu'à vos demeures, au bruit
« du départ chéri du *Beau Dunois;* et qu'elle enflamme vos
« cœurs de l'amour sacré de votre Empereur ». *(Il se découvre.)*

TOUS.

Bravo ! vive not' général ! vive not' député !

PLUSIEURS.

L'air du *Beau Dunois !...* C'est ça, en avant la Syrie !

*(Ils sortent deux par deux derrière la musique, — la musique joue,
après le premier couplet du* Beau Dunois, *les* Pompiers de Nan-
terre *; tous défilent devant le général. — Dujarret, Lahure, Laverdure, Dupivot, vont serrer la main du député et se retirent.)*

SCÈNE XVII.

LE PRÉFET, *éclatant de rire, à Duroquet.*

Quelle diable d'idée avez-vous eue ?

DUROQUET, *riant.*

Ma foi, c'est une idée de la baronne.

LEMERLE.

Elle a réussi en plein.

DUROQUET.

Mon cher Préfet, l'intelligence de vos ruminants dépasse mes espérances.

LEMERLE.

On vous les donne comme l'Empire les choisit.... dociles au commandement.

DUROQUET.

C'est tout ce qu'il faut.

LE PRÉFET.

Allons, général, ne nous plaignons pas ; ces rustres nous servent...

DUROQUET.

... Parbleu, d'étriers pour enjamber tous les Rubicons...

LE PRÉFET.

... Et de massue contre les ennemis de l'Empereur.

FIN DU DEUXIÈME ACTE.

ACTE III

—

SCÈNE PREMIÈRE.

LE PRÉFET, *seul dans son salon.*

Je touche enfin à la dernière heure du supplice. (*On lui apporte une dépêche, — il la lit, — vive émotion.*) Conçoit-on cette dépêche... le Ministre est fou !— Un succès ou la destitution... — En vérité, ce ton, après des instructions qui, soir et matin vous lient, délient et relient les mains... L'Empereur veut, l'Empereur ne veut plus, *dit-il,*... j'enrage...(*Il se promène dans un état d'agitation mal contenue.*) Eh! laissez-nous donc faire, ministre nerveux... Vos bras sont trop faibles pour vouloir nous apprendre à étreindre les masses... Rocambolini est d'acier, dans ces sortes d'opérations... Sachez-le, et je n'entends pas autrement mes droits : Le département, *c'est moi...* — Enseignement, justice, administration, clergé, armée, sociétés de bienfaisance; je tiens tout dans mes mains;... je suis ici la *centralisation...* Je connais mon Empereur. — Comme lui, je veux qu'on me doive la vie;... comme lui, je la distribue dans la mesure du dévouement que l'on m'apporte. Ma puissance est là ! *je le sais...* Monsieur le Ministre, vous aimez votre portefeuille?... Eh bien! moi...j'ai dans les mains une vice-royauté... Si vous y touchez... je vous perds... Je ressaisis ma plume de journaliste...Eh! soit! Un succès ou la destitution. — Mais, apprenez-le... mes succès sont à moi... Debout, je suis une *force* dynastique; et vous, Monsieur le Ministre, vous êtes l'eunuque du prince, condamné à la *danse* devant les Corps de l'Etat; vienne un temps d'orage, on vous jette, comme une proie, aux tribuns du peuple, pour faire diversion... Disgracié, je suis la *révolution* sans merci... Je démasque, je flétris système et régime... Brutus me vengera de César. (*Il jette la dépêche en morceaux.*)

SCENE II.

LE PRÉFET, *à Desbois, entrant.*

Vous voilà, mon brave Desbois; m'apportez-vous un soulagement? En ces durs moments la lassitude me gagne.

DESBOIS.

Cependant la situation est bonne; Laverdure et Dujarret font merveille : les paysans voteront, disent-ils, comme un seul homme.

LE PRÉFET, *avec un léger soupir.*

Et les villes?

DESBOIS.

Ma foi, les chances, je crois, sont balancées. — Il est vrai, l'ouvrier et le soldat sont fortement travaillés par la Démocratie, — mais la Démocratie manque de fonds *secrets*.

LEMERLE.

La Démocratie se contente de remuer des idées.

LE PRÉFET.

Qui ruinent les institutions de l'Empire.

DESBOIS.

Des idées sans argent... chimère!...

LE PRÉFET.

Puissiez-vous dire vrai !

DESBOIS.

En somme, croyez-vous que le peuple s'affole de doctrines qui ne lui promettent ni amusements, ni largesses à l'égal de l'Empire?

LE PRÉFET.

Je ne dis pas cela; mais la Démocratie est opiniâtre. Pour vaincre quand même, elle s'est alliée contre nous à l'école socialiste.

DESBOIS.

Bah! cette alliée n'est pas redoutable; son recrutement ne vaut pas le nôtre. Avez-vous souvenir de ces magnifiques sergents, enrôleurs du roi, qui, en habit de parade, trompette au vent, ralliaient dans les carrefours la foule imbécile autour

de la perche d'abondance, promettant, au service du roi, fes-
tins et ripailles; et le lendemain distribuaient aux nigauds
que l'espoir avait grisés...

LEMERLE.

Force bastonnade et force pain noir...

DESBOIS.

Quelque chose d'approchant.

LE PRÉFET.

Eh bien !...

DESBOIS.

Les chefs de cette école font comme ces brillants sergents.
Tout est félicité quand on les écoute; — tout est regret quand
on marche à leur suite.

LE PRÉFET.

Alors, vous demeurez sans crainte de ce côté?

DESBOIS.

Assurément, leurs enrôlés sont ou des niais, ou des gens de
potence, ou des ambitieux, qui mécontents... qui arrêtés par
l'indigence de leur esprit... qui... Bah! tous gens prêts, si on
le voulait, à vivre de nos fonds secrets.

LEMERLE.

Bravo ! ...

DESBOIS.

Je défie la Démocratie de vivre vingt-quatre heures avec de
pareils frères et amis, sans être étranglée du premier coup.

LE PRÉFET.

C'est le secret de sa faiblesse.

LEMERLE.

C'est là le bon côté pour l'Empire.

DESBOIS.

Elle serait à mon avis redoutable, si ses apôtres apportaient
au peuple des mœurs, et non des passions... Voyez l'Amérique.

LE PRÉFET.

Cela n'est que trop vrai. — L'Amérique sera toujours le
foyer des institutions démocratiques, et la France celui des
utopies, des *flagorneries* humanitaires.

DESBOIS.

Le moyen de combattre ces faux prophètes, est tout entier dans le système de l'Empire : Convier le peuple aux délices *de la chair et du vin.*

LEMERLE.

Bonne recette d'élections, suivant La Sentine.

LE PRÉFET.

Attendons la fin.

DESBOIS.

Lahure la promet *glorieuse.*

SCÈNE III.

LE PRÉFET, *à la Baronne, entrant.*
Eh bien ! chère Baronne, vous venez guérir nos ennuis.

LA BARONNE.
Qui songe donc ici à parler d'ennuis ?

DESBOIS.
Je vous approuve, Madame ; l'ennui est un vilain hôte qui a bien tort de se fourvoyer parmi nous.

LE PRÉFET, *à la Baronne.*
Ignorez-vous les menées ardentes de l'opposition ?

LA BARONNE.
Cher Préfet, allez-vous sérieusement en perdre le boire et le manger ? — Vos défiances sont injustes. L'opposition est aux abois ; elle ne peut entamer nos campagnes ; et la vile multitude des villes se range derrière nous, sous l'aiguillon des plus *grossières* promesses.

DESBOIS.
Je suis de votre avis, Madame ; le paysan vote par entêtement, parce qu'il croit conserver ce qu'il tient de son labeur. Quant au faubourien, sans racine dans le sol, affamé de plaisirs, il aime l'appât du nouveau ; et voterait toujours pour *l'inconnu,* si nous n'usions de précautions.

LE PRÉFET.
Chez l'un et l'autre, c'est un mouvement très-net de *l'instinct.*

LA BARONNE.

Peu importe, l'un et l'autre sont *dupes* du plus habile.

LEMERLE.

Et sur *cette piste*, l'Empereur tient facilement la corde.

(*En ce moment l'appariteur apporte un pli à Lemerle qui le lit et se retire.*)

DESBOIS.

Avez-vous appris la panique qui, on ne sait pourquoi, s'est emparée du commerce ?

LE PRÉFET.

Et du ministre lui-même ; il en a perdu la tête.

LA BARONNE.

Chacun en parle ; mais soyez sans inquiétude.

DESBOIS.

Alors cette panique...

LA BARONNE.

Vient d'en haut... Il la fallait.

LE PRÉFET.

Pouvez-vous croire...

LA BARONNE.

Il fallait la panique, parce qu'il fallait la baisse.

DESBOIS.

Madame la Baronne croirait à la seconde vue.

LA BARONNE.

Cela est parfaitement inutile, Monsieur Desbois ; l'horoscope électoral est chose faite en ce moment, et vous pouvez en paix aller presser vos laitages.

LE PRÉFET.

Chère Baronne, vous êtes tout mystère aujourd'hui.

DESBOIS.

Vous rendez notre curiosité indiscrète.

LA BARONNE.

Je vous donne volontiers le mot de l'énigme. Il me vient du général Duroquet, qui l'a surpris dans les antichambres du Ministre.

LE PRÉFET.

Eh bien !

LA BARONNE.

Nos ministres se montrent agités, inquiets à la dernière heure, afin d'entretenir un salutaire effroi chez nos partisans; mais plus encore pour faire leur *proie* des gens de finances, pris sottement de défaillances à la vue du masque d'ennui qu'ils portent adroitement sur leur visage.

LE PRÉFET.

Habile stratagème; — du même coup razzia de votes, razzia de millions; — ils sont très-forts, nos hommes d'Etat !

DESBOIS.

Vieille coutume d'Afrique; pas de coups de main sans dépouilles... opimes.

LA BARONNE.

C'est le bon fruit de la conquête.

DESBOIS.

Que savourent nos dynasties de grands vizirs, et leurs familiers.

LA BARONNE, *au Préfet.*

Vous plaît-il d'entrer en partage de butin ? — Laissez les *Docks*, les *Italiens*, les *Suez*. La pêche miraculeuse est faite. — Mais tenez vite pour les *Mexicains* et les *Mobiliers*. Le fraie bien préparé par nos financiers de cour a réussi, et après le *jeu de l'urne*, il va devenir le plus grand régal du peuple souverain.

LE PRÉFET.

Hélas ! que ne puis-je comme nos Excellences manier l'argent de la gabelle !

LA BARONNE.

Et mieux encore, comme nos Excellences, *braconner* autour des institutions industrielles et de crédit.

DESBOIS.

L'Empire leur donne à souhait ces bienfaisants loisirs.

LA BARONNE, *au Préfet.*

Vous vous plaignez du hasard, quand il vous livre un mystère de bourse, et qu'il a jeté dans vos bras un petit Zachée de province chérissant l'impénitence;... c'est de l'ingratitude.

LE PRÉFET.

Le nom de ce pécheur endurci !

LA BARONNE.

Monsieur Pinsonnet.

DESBOIS.

Bien trouvé ; un veau d'or de grosse pesée.

LE PRÉFET.

Monsieur Pinsonnet !...

DESBOIS.

Ah ! c'est de lui que l'on peut dire qu'il s'est nourri des sueurs du peuple !... Comptez les larmes des veuves, des orphelins, et de tous les pauvres diables qu'il a dépouillés sous le manteau de la loi, et vous aurez le compte des écus.

LA BARONNE.

Mon Dieu, l'Empire a été pour lui comme pour beaucoup, l'*asile sacré* ; — il s'est dévoué à lui, et son dévouement l'a sauvé.

LE PRÉFET.

Ce Monsieur Pinsonnet serait le *Pinsonnet*, maire de La Souche ?

LA BARONNE.

C'est lui-même.

LE PRÉFET.

Vous avez la main heureuse... que dites-vous, Desbois ?

DESBOIS.

Quant à moi, à mon âge, on se fait ermite. — Cependant l'occasion est bonne ; j'enverrais ce néophyte de l'Empire travailler à la Corbeille pour le bien de son prochain ; — il enragera ; mais une fois à la besogne, mon gredin ira d'instinct.

LA BARONNE, *au Préfet*.

Alors, c'est entendu. Vous m'accompagnez chez le général ; il nous attend.

LE PRÉFET.

Mon cher Desbois, demeurez un instant. Veillez aux dépêches.

SCÈNE IV.

DESBOIS, *seul, se promenant.*

Oui, à mon âge on peut se faire ermite... Adieu les illusions ; et c'est fort heureux... Assez longtemps j'ai coudoyé gens de prince, gens de finances, gens d'intrigues... mon rôle est joué dans la comédie politique ;... et d'ailleurs je suis las. Eh ! oui, vivons en vieux garçon sur mon joyeux coin de terre, et moquons-nous du genre humain !... quand il produit des hommes comme ceux du jour... qu'il est laid !... De mon temps la société avait encore du bon. Aujourd'hui *ils* ne savent plus que trois choses : *Mentir, voler* et *faire étalage* de leur vie galante... Voyez seulement nos hommes d'Etat... Ont-ils besoin d'un blanc seing ?... ils dupent le suffrage universel. Ont-ils besoin d'argent ?... ils détroussent leur peuple souverain en pleine bourse... Mon peuple souverain, ta condition me paraît plus humiliante que celle du roi Soliveau ; car tu bats des mains à chaque outrage fait à ta royauté... Bats des mains, roi idiot ; pendant que tu applaudis, les fameux amis du premier degré, pourvus d'une bonne lettre de marque de l'Empire, arment en course ce vaisseau de haut bord que tu nommes la bourse... Monté par Israël, piloté par des écumeurs de la coulisse, ce vaisseau retourne demain faire cargaison de tes épargnes pour enrichir des eunuques de palais et des femmes de harem... Allons, applaudis, c'est le caprice de ton élu !... (*Il se promène en silence.*) Ma foi, la Baronne a flairé la chose à propos, — elle a mené joliment son général... Mon cher Préfet , voilà vos ennuis consolés ; vous le voyez, la démocratie est bonne commère ; en s'agitant, elle fait votre jeu. (*L'appariteur entre et lui remet un paquet.*)

SCÈNE V.

DESBOIS, *à l'appariteur.*

Cherchez-moi Monsieur Lemerle. (*Il décachète.— Gaston entre.*)

GASTON, *à Desbois.*

Bonjour, cher ami. — Je cours après Lemerle; je croyais le trouver ici.

DESBOIS.

Je l'ai fait appeler... il ne peut tarder.

GASTON.

J'ai l'esprit dans une agitation...

DESBOIS, *dépliant, et tout en lisant.*

Pauvre jeune homme; déjà des peines !

GASTON.

Non... mais une affaire d'honneur.

DESBOIS, *à Lemerle, entrant.*

Vos estafettes arrivent. Voici la première. — Dame, elle n'est pas gaie... cela détonne.

GASTON, *avec exclamation.*

Encore leur *foire* aux élections ! où se réfugier, mon Dieu !... (*Il veut parler.*)

LEMERLE, *lisant à la hâte.*

« Nombreuses défections dans l'enseignement et dans le « clergé. — Les arrêter en sévissant sur-le-champ.

« LAHURE ».

DESBOIS.

Je m'en lave les mains ; c'est l'affaire du Préfet.

GASTON.

Eh ! bon Dieu, lavez-les de suite, et de grâce écoutez les gens.

LEMERLE, *se tournant vers lui.*

Que voulez-vous dire ?

DESBOIS, *le regardant.*

Que vous serait-il arrivé ?

GASTON.

Je me bats.

LEMERLE.

Un duel !...

GASTON.

Avec le Général.

LEMERLE et DESBOIS, *étonnés.*

Duroquet!

GASTON.

Connaissez-vous cette adorable créature qui se cache sous le nom voluptueux de Carpinette?

DESBOIS.

Hum! Un nom de drôlesse.

LEMERLE, *à Desbois.*

Tout beau! nos femmes du monde raffolent de ces petits noms... et en soulevant le voile...

DESBOIS, *ironiquement.*

On découvrirait une honnête femme.

GASTON. *étourdiment.*

Et jolie à tomber à ses pieds...

LEMERLE.

Le nom de cet ange?

DESBOIS.

Voluptueux...

GASTON, *absorbé et rêveur.*

Oui, j'étais à ses pieds... enveloppé de son ardent regard... et dans l'enivrement de l'amour...

DESBOIS, *à part.*

Naïf garçon!

GASTON, *continuant.*

De son sein d'ivoire s'échappe un papier rose;... ému, troublé, je me penche;... je lis... ô rage! c'était un billet du Général.

LEMERLE, *avec exclamation.*

Du Général!

DESBOIS.

Bah! de mon vieux Duroquet!

GASTON, *frémissant de jalousie.*

Oui, du Général!... pour punir son audace... je l'appelle en duel... je veux le tuer...

LEMERLE.

Le tuer, lui, le député de l'Empereur; — folie, l'Empereur ne le permettra pas.

DESBOIS, *avec réflexion.*

Vous ne le tuerez pas, mon jeune ami... et il vous tuera.

GASTON.

Que m'importe!... l'honneur l'exige. Lemerle, vous êtes mon premier témoin, j'ai choisi pour second, Dujarret. (*Il sort.*

DESBOIS.

Ce diable de Gaston est fou... il va se faire pourfendre.

LEMERLE.

Vous croyez?

DESBOIS.

Je connais mon Général. Duroquet est un chevalier de boudoirs, très-ferré sur les coups de pointe et les bottes secrètes. — L'Empire ne lui a pas demandé de savoir d'autre stratégie pour le faire général. Mêlé à toutes les intrigues galantes du château, il est chargé de les dénouer, quand elles deviennent compromettantes, en tuant les novices maladroits.

LEMERLE.

Vous m'effrayez.

DESBOIS.

Empêchez ce duel, vous en avez le pouvoir comme témoin.

SCÈNE VI.

LE PRÉFET, *rentrant.*

Comment vont les choses? a-t-on des courriers?

DESBOIS.

Nous en avons un de Lahure.

LEMERLE.

Il signale l'apparition de refractaires dans les gens d'enseignement et d'église.

LE PRÉFET, *avec vivacité.*

Riposter aujourd'hui même par des mutations et des destitutions... (*Il fait quelques pas.*) Lemerle, réclamez des chefs hiérarchiques, des *ordres signés en blanc.* — (*Il se promène, et s'arrétant.*) Dans les mutations, prenez les postes les plus ingrats et les plus éloignés;... s'il est possible, choisissez une Sibérie... Ah! mes docteurs au petit pied, vous refusez d'opiner du bonnet.

(Lemerle sort.)

DESBOIS.

Mais vous sautez à pieds joints dans le camp des indépendants.

LE PRÉFET.

Des indépendants!... Comment! des abbés campagnards, et des pédagogues de ville ou de village se permettent de penser autrement que nous-même!

DESBOIS.

L'instruction chez l'enfant du peuple rend son intelligence réfléchie et courageuse... Vous n'abattrez pas facilement ces plébéiens portant férule et houlette.

LE PRÉFET.

Nous verrons bien! Pour le moment, je les déporte; — les destitutions suivront et les décimeront. (On lui apporte une dépêche, — il rompt le cachet avec impatience et lit.)

« Le général Duroquet est acclamé par toutes les campagnes. « — J'ai offert une pompe à la commune du Canton. Les « pompiers veulent la conduire avec eux au scrutin, afin, « disent-ils, de noyer les voix de Chopart.

« DUJARRET. »

LE PRÉFET, à Desbois.

Voilà des pompiers qui brûlent d'un vrai patriotisme... Dites-moi!... Si je les envoyais doucher vos plébéiens?

DESBOIS.

Soit! mais s'ils prenaient le chemin de Damas?

SCÈNE VII.

(La Sentine et Dupivot entrent.)

LE PRÉFET.

Eh bien! Messieurs, votre tournée a-t-elle été heureuse?

(Desbois se lève et prend congé du Préfet.)

DUPIVOT.

L'opposition dans les villes est démoralisée.

LA SENTINE.

Elle a cherché à s'emparer des ateliers... *il était trop tard;*
mes agents secrètement embauchés étaient maîtres de la
place.

LE PRÉFET.

Très-bien !

LA SENTINE.

Elle a voulu agir auprès des négociants, *il était trop tard.*
— C'est ici l'œuvre tout entière de Monsieur Dupivot.

DUPIVOT.

Il est vrai, j'avais gagné d'avance, à la cause de l'ordre, les
commerçants, en leur annonçant, selon le vœu de Monsieur le
Préfet, dans mes visites *ad hoc,* la création du canal de Grâce,
si longtemps désiré ; celle d'un embranchement de chemin
de fer devant relier *Villedoie* à *Cantaloup.* Leur satisfaction et
leur reconnaissance sont si vives qu'ils supplient Monsieur le
Préfet de les autoriser à nommer ce chemin : *Chemin de fer
Rocambolini.*

LE PRÉFET.

En vérité, c'est un hommage trop flatteur pour que le Préfet
refuse sa bienveillante adhésion.

LA SENTINE.

L'opposition a tenté également d'entraîner les prolétaires.

LE PRÉFET.

A-t-elle réussi ?

LA SENTINE.

Il était encore *trop tard* ; — elle a semé sur des pierres. —
Les prud'hommes, les bureaux de bienfaisance, les sociétés
de Secours mutuels avaient dépêché leurs membres les plus
influents pour aller de logis en logis faire des distributions de
bons de vivres.

LE PRÉFET, *se levant et témoignant une vive satisfaction.*

Bien, très-bien... je suis content de vous, Messieurs ; je
signalerai votre dévouement à Sa Majesté. (*S'adressant à
Dupivot.*) Il me faut un homme habile, souple, pour une
mission extraordinaire : je vous choisis ; des défections nom-

breuses viennent d'affliger le corps enseignant ; — partez en
qualité de délégué de l'Instruction. Faites un exemple, s'il le
faut, pour frapper l'esprit des timides; et comprimez ce ferment
de *Jacquerie pédagogique*.

DUPIVOT.

Le choix de Monsieur le Préfet m'honore ; je suis à ses
ordres.

LE PRÉFET.

Allez, et agissez vite et ferme. Monsieur Lemerle vous remet-
tra des pleins pouvoirs.

(*Dupivot se retire.*)

SCÈNE VIII.

LE PRÉFET, *à La Sentine.*

Que devient l'affaire du *Corsaire ?*

LA SENTINE.

Carachoux est en fuite. Mᵉ Lagneau est harcelé de la bonne
manière. Lahure s'est mis en campagne, et travaille à sa
perte.

LE PRÉFET.

Les choses vont à souhait. (*A Lemerle.*) Tout allant bien, je
crois qu'il serait opportun d'éviter l'éclat d'un débat ; — *glisser
et ne pas appuyer* doit être la règle du moment ; voyez Messieurs Laflèche et Griffard.

(*Des estafettes entrent successivement faire ouvrir leurs dépêches. —
Lemerle et La Sentine s'occupent de les classer.*)

LE PRÉFET.

Eh bien ! l'opposition a-t-elle gagné du terrain ?

LEMERLE, *parcourant rapidement.*

Opposition battue dans les trois cantons agricoles...
Chances égales dans le canton industriel... Toutes ces dépêches sont signées des Conseillers généraux en mission.

LE PRÉFET.

Je le vois, la journée sera *bonne.*

LEMERLE.

Ces Messieurs signalent d'ingénieux stratagèmes. Dans le
troisième canton; c'est une *prime* de dix centimes pour chaque
bulletin d'opposition. — Les paysans se sont jetés sur ces
offres de Monsieur Laverdure, et lui ont livré en quelques heures
tous les bulletins de l'opposition. Dans le premier canton,
c'est un sorcier aux gages de Pinsonnet, qui va de village en
village, *jeter un sort* sur les circulaires et les bulletins de
Chopart. Les paysans effrayés ont à l'envi brûlé en place
publique ces papiers ensorcelés. Ils menacent même de
brûler Chopart et ses agents, s'ils reparaissent. Dans les autres
cantons...

LE PRÉFET, *riant.*

C'est assez... ce que vous venez de rapporter me donne
une idée suffisante des autres bonnes ruses de guerre.

LEMERLE.

L'opposition dédaigne de descendre jusque-là ; elle se dé-
sarme.

LE PRÉFET.

Elle veut évangéliser.

LEMERLE.

A laver la tête d'un âne, on perd sa lessive.

LE PRÉFET.

C'est ce qui lui arrive. Maintenant, mon cher Lemerle, que
le succès de la grande journée est à nous ; jusqu'à l'heure de
la bataille, allons dormir du *sommeil* du grand oncle.

FIN DU TROISIÈME ACTE.

ACTE IV

—

SCÈNE PREMIÈRE.

DUROQUET, *au valet.*
Bien, dites au Préfet que je l'attends ici.
(*Le valet sort.*)
DUROQUET, *seul.*
Ventrebleu, il était temps de sortir de ce cauchemar...
sottes élections;... mais sot peuple... vrai dindon de fable;...
il est satisfait parce qu'il croit élire;... soit... crois toujours
et obéis; c'est le plus sage;... mais défie-toi de ces mirmi-
dons de la politique... — Tête bleue! ils commençaient à
m'échauffer la bile avec leur presse hargneuse et insolente...
Mille millions de mitraille! sans la Baronne je cravachais
mes gaillards jusqu'à leur couper les muscles;... les drôles,
quand ils tiennent la plume, ils se croient maîtres des gens et
des empires... Les voyez-vous chaque jour se donner fièrement des airs de Lycurgue;... et que sont-ils, ventrebleu!...
des démolisseurs *à la tâche*... C'est le mot, et je défends qu'on
le retire... Oui, qu'on m'amène un mécontent, un chef de
parti... un remanieur d'Etats;... qu'on m'amène encore un
gros financier;... les uns et les autres veulent-ils la ruine
d'institutions;... la chute de gouvernements... ou veulent-ils
tenter un coup de main sur la fortune publique;... cette presse
est là qui les attend pour passer l'infâme marché... et la démo-
lition commence et s'achève avec fureur... Va, fille perdue!...
fais commerce de tes faveurs;... mais, ventrebleu, tourne
contre d'autres tes colères jalouses, ou je romps les os à tes
souteneurs.
(*La Baronne entre au moment où il prononce cette menace.*)
LA BARONNE.
Pourquoi cette belle indignation?...

DUROQUET.

Veuillez m'excuser, Baronne... j'entre malgré moi en humeur violente, quand je songe aux brutales attaques de ces
faiseurs d'écrits.

LA BARONNE.

Cependant la presse d'Etat a, pour vous, fait merveille contre
la presse indépendante.

DUROQUET.

Ventrebleu !... Indépendante... Baronne, ce mot-là est
de trop;... leur presse manœuvre comme la nôtre;... elle a
sa *solde*.

LA BARONNE.

... Et son drapeau... Dame, de part et d'autre on combat à
sa façon...

DUROQUET.

... Loyalement dans notre camp; lâchement dans leurs
rangs.

LA BARONNE.

Que voulez-vous, cher Général, le temps des tournois politiques a fini, le jour où l'Empire a doté la France du suffrage
universel.

DUROQUET.

Je vous comprends :« *La grande populace et la sainte canaille* »
se ruent sur *le petit bleu*; et il faut y tremper l'éponge.

LA BARONNE.

Je ne dis pas cela ;... mais nos écrivains, ne pouvant plus
disputer sur les institutions, disputent sur les favoris de
César ;... s'ils savent tenir adroitement la massue, et assom-
mer avec une certaine crânerie ces petits dieux du jour, c'en
est fait du favori; — le peuple applaudit lui-même à la chute
de son idole.

DUROQUET.

Vraiment, à vous entendre, c'est chose fort gaie... Mille
millions de mitraille ! j'aurais bien fait de couper la gorge à
ces gens-là, et d'en délivrer l'Empire !

LA BARONNE.

Mauvais moyen... Avec le suffrage, les hommes de l'Empire ne peuvent plus échapper au populaire supplice *de la tête de Turc*... Vous en avez fait l'épreuve;... elle vous a réussi... ne vous fâchez pas.

DUROQUET.

Baronne, la plaisanterie prend avec vous des grâces charmantes;... mais vous conviendrez que ce régime de *Turc* peut amener l'ébranlement de la clef de voûte.

LA BARONNE.

Alors, à votre avis, cet amusement serait dangereux?

DUROQUET.

Il me semble fort.

LA BARONNE.

A mon avis, ne vous en déplaise, cet amusement répond on ne peut mieux aux desseins d'un pouvoir absolu.

DUROQUET.

Où allez-vous, Baronne?

LA BARONNE.

Où je vais?... Ecoutez bien, mon Général, *mon futur ministre*... La presse d'Etat provoque ces amusements; — elle est même très-ardente à en saisir les occasions. Aux premiers coups, les brouillons, les agitateurs, les gens incompris sortent de leur antre... se montrent;... le feu devient vif... irritant; ni les uns, ni les autres ne gardent la mesure. Après la lutte, chacun compte ses blessures, recueille sa haine. L'Empire vient, nombre les loups et les boucs, et dit au peuple : Vois ce que les miens ont souffert dans le combat pour ton salut;... crains pour l'avenir : César est applaudi, et le peuple ne demande plus le couronnement de l'édifice.

DUROQUET.

Admirable combinaison! La sottise des loups et la niaiserie des boucs en font les heureux éléments. — Baronne, nous serons ministres... L'Empereur *nous devinera*.

LA BARONNE.

L'occasion est favorable. Les charlatans d'Auvergne ont fait leur temps.

DUROQUET.

Et leur ballot... comme le sait faire un bon auvergnat.

LA BARONNE.

Le provençal remplit l'intermède.

DUROQUET.

Celui-là accorde sa harpe pour apaiser les colères des tribuns.

LA BARONNE.

Il répand l'encens devant le prince, pour chasser de son esprit le souvenir du beau danseur de bourrées.

DUROQUET.

Aujourd'hui il adore ce qu'il a brûlé.

LA BARONNE.

Mais après l'adoration...

DUROQUET.

Nous aurons la bénédiction...

LA BARONNE.

Du départ, cette fois, vers les chauds rivages de la mer aux ondes bleues.

DUROQUET.

Je l'entends ainsi... Le pouvoir revient de droit aux Corses... Vive les Corses !

LA BARONNE.

Général !... et les amis des Corses ?

DUROQUET.

Ventrebleu !... assurément.

LA BARONNE.

Qu'en ferez-vous ?

DUROQUET.

Mon programme est net et court. Je déloge des postes avancés les tribus d'Auvergne et de Provence... J'installe mes Corses... Cela fait ; au moyen de réformes, créations, changements, modifications successives, à titre d'essai, dans l'équipement, l'armement, le campement du soldat, j'organise notre sou de poche... Baronne, êtes-vous satisfaite ?

LA BARONNE.

Vous êtes un loyal ami ; songez-vous au Sénat ?

DUROQUET.

Dites au baron que le Sénat nous attend au bout de l'an.

SCÈNE II.

(Le Préfet entre suivi des membres du Conseil de préfecture et du Conseil général.)

LE PRÉFET, à Duroquet.

Général, ces Messieurs ont désiré, à l'heure même où sonne la victoire, vous adresser leurs félicitations.— Voici le bulletin de la bataille : 50,000 inscrits ; — 45,000 votants ; — 38,000, Duroquet !

TOUS.

Bravo !... Vive le général !

DUROQUET.

Gloire à vous, mon cher Préfet ; gloire, Messieurs, à ce digne et illustre représentant de Sa Majesté parmi vous. — Gloire aussi à vous tous, courageux amis de l'Empire ! *(Chacun des assistants s'incline.)* Le département s'est hautement distingué, en honorant dans ma personne, le choix bienveillant de l'Empereur. Messieurs, vous avez acquis aujourd'hui des droits aux bienfaits, et aux faveurs exceptionnelles dont Sa Majesté, avec son inépuisable bonté, se plaît à combler ses vaillants défenseurs. *(Tous échangent des signes de satisfaction.)* Par votre dévouement vous avez racheté *l'indignité* de ce malheureux département. — Maintenant ce pays va renaître avec éclat sous la main généreuse de l'Empereur, auquel vous venez de le *consacrer* dans ma personne. Je me porte devant vous, Messieurs, le garant de cette nouvelle ère de prospérité... *(Il salue, et chacun se retire, excepté le Préfet, Desbois et Fauconnet, président du Conseil général, qui se tiennent près de la Baronne.)*

LA BARONNE.

Général, vous êtes un homme politique accompli.

LE PRÉFET.

Vôtre éclatant succès arrache des cris de douleur, non...
des cris de rage à cet infâme *Corsaire*.

DUROQUET, *haussant les épaules*.

Et que hurle cette douleur folle ?

LE PRÉFET.

Voici son dernier rugissement :

« Chante, peuple affolé de largesses ; chante le triomphe de
« César. Tu fêtes ta décadence... César te tient enchaîné
« dans les ténèbres de l'ignorance ; il a pétri ton cœur de
« désirs grossiers, afin de t'enlever le sentiment de la servi-
« tude. Les mots : Devoir, Honneur, Patrie, ne peuvent plus
« rendre la vigueur à ton intelligence tombée aujourd'hui
« dans la boue des jouissances. Salue César, tu es digne de
« lui. César ! ton triomphe ne nous irrite pas ; mais il rem-
« plit notre âme d'une patriotique douleur ; car il affirme
« l'abaissement de nos frères. Mais nos frères se relèveront
« par l'épreuve sanglante et vengeresse, que l'histoire nous
« montre toujours attachée aux pas des dominateurs cor-
« rompus... »

LA BARONNE.

Quelle violence !

FAUCONNET.

On peut la dire scélérate.

DESBOIS.

Ce sont les imprécations de Chopart.

DUROQUET, *au Préfet*.

Vous tolérez une feuille aussi insolemment révolutionnaire ?

LE PRÉFET.

Général, accusez les hommes du cabinet du 19 !...

LA BARONNE.

Et leurs théories pastorales.

DESBOIS.

Nous leur devons un véritable traité de paix entre brebis
et loups.

FAUCONNET.

Et la chance d'être étranglé en dormant.

LA BARONNE.

Si on changeait le berger,... la chance serait pour eux.

LE PRÉFET.

Au fait, on tient les loups.

FAUCONNET.

On les voit, maintenant, grâce à ce traité, se mêler hardiment aux brebis.

DESBOIS.

Belle occasion pour les envoyer au jardin d'acclimatation...

FAUCONNET.

Boulevard Mazas.

LA BARONNE.

Général, belle occasion pour devenir ministre.

DUROQUET.

Si je devenais ministre, je ne le cache pas, je serais à cette heure *friand* de tuerie.

LE PRÉFET.

Juste échange de sentiments avec ces Messieurs.

DUROQUET.

Un seul n'en échapperait.

LA BARONNE.

Avec des ennemis sans foi...

LE PRÉFET.

Il ne faut faire de quartier.

FAUCONNET.

En vérité, la presse est la peste d'un Etat ; elle répand la terreur rouge dans nos campagnes. Il faut que l'Empire nous en délivre.

DESBOIS, *doucement*.

La presse comme l'épée, dans les mains de gens mal intentionnés et mal famés, sert au crime ; hors de là elle a beaucoup de bon.

DUROQUET.

A mon avis, elle a été et elle sera toujours révolutionnaire, n'importe le régime d'Etat ; j'approuve fort l'opinion de Monsieur Fauconnet.

DESBOIS.

Mon Dieu, Général, changez l'objectif de cette presse, et vous
serez de mon avis.

LE PRÉFET.

Que voulez-vous dire ?

DESBOIS.

La presse, comme une ville de guerre, a ses soldats. Les
réguliers occupent la ville. En avant, dans les redans, se pos-
tent les irréguliers : nos coureurs de croix, de grosses rançons,
de renommée politique. Ceux-là font la guerre de partisans ;
ils aiment sortir en fourrageurs pour faire capture et vivre de
dépouilles. Eh bien ! voulez-vous être débarrassés de ces batteurs
de champs, ennemis de la paix et de toute discipline ? Faites
table rase de ces appâts politiques ; — rompez la note égoïste
et irritante de ces mille trompettes de la renommée qui excitent
les mauvaises ambitions, et nous montrent la tribune natio-
nale transformée en chaire d'illuminés. En un mot, faites
des institutions pour le pays, et non pour le régime qui arrive.
La passion désordonnée de la lutte, à cause du gain que cette
lutte a toujours offert, s'éteindra faute d'aliments, et la presse
sortira de ce vieil esclavage, auquel l'a trop habituée le vice
de ces régimes politiques qui, depuis plus de quatre-vingts
ans, chez nous, *vivent au jour le jour.*

DUROQUET.

Mon cher Desbois, j'ai toujours admiré en vous le philoso-
phe. — Je veux bien vous donner raison ; mais votre doctrine
vient *trop tard.* — La gent écrivassière a porté un outrageant
défi à l'Empire. L'Empire doit relever ce défi et faire, s'il le
faut, des exécutions à coups de canon.

LA BARONNE.

C'est cela ; faites-nous une bonne journée de Montmartre.

LE PRÉFET.

C'est le plus sûr moyen de se débarrasser de ces gens....

DESBOIS.

Et d'en] faire des [martyrs populaires... à votre guise,
Messieurs !

DUROQUET.

Là Chambre, soyez-en sûr, applaudira à cet acte de vigueur,
qui *réjouira* Sa Majesté.

DESBOIS.

Ma foi, tant pis pour la Chambre; elle applaudit trop, au
dire même de nos bons bourgeois.

LE PRÉFET.

Le succès vous convertira, Monsieur Desbois; sachez seulement attendre. (*S'adressant à tous.*) Je vous rappelle, Messieurs,
que l'heure d'armer nos nouveaux chevaliers est proche. Général, vous plaît-il de présider la cérémonie?

DUROQUET.

Cet honneur, mon cher Préfet, vous appartient; je veux en
témoigner par ma présence.

LE PRÉFET, *à la Baronne.*

Vous nous amènerez le baron.

(*Ils sortent, le Préfet donnant le bras à la Baronne.*)

SCÈNE III.

On entend du bruit dans une pièce voisine. — Un instant aprés ap-
paraît Bagnolet, qui entr'ouvre la porte du salon, passe sa tête,
se, retire, referme; puis il ouvre et fait quelques pas, jetant des
regards étonnés à droite et à gauche, levant les yeux au plafond.
— Il fait deux ou trois pas timidement ; puis tout à coup comme
sortant de son étonnement, il songe à ôter son chapeau ; jette un
nouveau regard partout et s'esquive par la même porte.

L'APPARITEUR, *entrant une minute aprés, et regardant de tous côtés.*

Où diable mon paysan est-il passé?... (*Il sort en maugréant.*)

BAGNOLET, *reparaissant par une porte dérobée, est vivement étonné*
de se retrouver dans le même appartement.

Vlà-t-y eune drôle de maison... faut-y qui-z-aient du
vice pour loger là dedans... j'sons entré partout, j'nous en

sont ensauvé d'partout, et j'nen pouvons sorti... Le gros mossieu de la sonnette nous a ben dit comme ça en entrant : A droëte et à gauche, à l'anretichambre. — J'vons comme y m'dit ; j'trouvons une place, où j'voyons comme des portes tout aux entours, et point de meubles. — Je m'dit, Bagnolet, c'est pas par ça ben sûr l'anretichambre. — J'vons droëte ! — j'ouvrons ; rien, quoi ; point de Préfet !... me v'là ben étonné... j'arrêtons et je m'dit : c'te fois, Bagnolet, le gros mossieu de la sonnette t'ont mis un sort ; faut t'en aller d'là. J'ouvrons c'te porte. (*Il la montre du doigt.*) Et me r'v'là ici ; — j'nous sauvons à droëte, à gauche, toujou des portes, — c'est t-y terrible ; si ben que m'v'là enco ici ; et pas pu de Préfet que d'arrête dans une dinde... Pourquoi don qu'on leur z-y donne des grandes maisons comme ça ?... faut-y qu'y-z-ayions du bon sens... y ferions ben sûr dix maisons d'école avec c'te grande-là. (*Il regarde le canapé, et allant pour s'y asseoir.*) Hein ! camarade, si ta petite femme étions là. (*Au moment où il s'asseoit, le canapé s'enfonce sous lui ; — étonné, il fait un soubresaut, — regarde ensuite le canapé.*) En v'là t-y une mécanique... C'es gens là ont t-y du vice. (*Il tâte ; puis fait quelques pas ; ses yeux se portent sur le plafond et les lambris.*) Oh ! Dieu du sort. (*Il joint les mains.*) C'est-y endoré !... faut-y qui-z-ayions de l'argent, qui-z-en mettions comme ça après les parois et le plancher !... Nom d'un nom !... On voit ben qui n'sont jamais grelés... (*Il se retourne et aperçoit le portrait équestre de l'Empereur ; il reste ébahi quelques minutes.*) Ah ! chère maman, v'là t-y eun biauz-étalon ! hein ! camarade, si j'la-vions dans notre écourie à la place de mou coco... (*Il continue sa contemplation.*) Tout de même v'là t-y une veste ben endorée !... Mon pauvre Bagnolet, jé n'srons jamais endoré comme ça... y t'faudrait du vice... et point d'amendes. (*Il reste toujours les yeux attachés sur le portrait.*)

LAGLOIRE, *entrant accompagné d'un maître tapissier.*

Voici la seconde pièce, après l'enlèvement de la cloison... (*Il aperçoit Bagnolet, qui, de son côté, entendant causer derrière lui, s'est retourné. — A Bagnolet.*) Qu'attendez-vous ici ?... Que voulez-vous

BAGNOLET, *prenant Lagloire pour le Préfet, et saluant en paysan,
grattant le parquet avec son pied, inclinant la tête et regardant
en dessous.*

Faites excuses, Monsieur le Préfet, — c'est qu'j'avons eune
grâce à vous demandé.

LAGLOIRE *fait signe, en souriant, au maître tapissier de s'asseoir.*

(*A Bagnolet.*) Voyons, mon ami, quelle est cette grâce ?

BAGNOLET, *enhardi, et de l'air de celui qui tâte le terrain.*

Mou bon Mossieu le Préfet, j'vons vous conté.

LAGLOIRE.

Bien, contez-nous la chose, et asseyez-vous.

(*Lagloire reste debout appuyé contre la cheminée. — Bagnolet s'approche d'un fauteuil au pied duquel se trouve une marchette. — Il
regarde le fauteuil, puis la marchette; — enfin, après avoir hé-
sité, il ramasse la marchette qu'il place sur le fauteuil, et s'asseoit
dessus.*)

BAGNOLET.

J'vons vous dire, mou bon Mossieu le Préfet. J'ons voulu
v'ni nous-même par ce que, comme y disons dans l'pays, y
faut ben mieux parler au bon Dieu qu'aux saints... Le Maire
de cheu nous, Mossieu Navet, ont fait à savoi que ceusses
qui devions des amendes de juge de paix n'en paierions point,
si j'votions comme le v'lait note bon Mossieu le Préfet. —
Aussi j'ons voté tout haut, avec deux témoins, comme y
disions ; et pour lorsse j'sons v'nu vous le faire à savoi pour
être ben sûr de ne point payer les amendes.

LAGLOIRE.

Vous avez bien fait ; — et avez-vous beaucoup d'amendes ?

BAGNOLET.

J'vons vous conter l'affaire : Note Maire nous en en veut par
ce qué j'ly ons fait assarter eune haie qui n'étions pas légale,
comme dit note juge de paix, qui nous en en veut ben un petit
brin aussi ; — mais là, ça leur z-y crevait la figure ; y n'pou-
vions dire mou bel ami...

LAGLOIRE.

Eh bien !...

BAGNOLET.

J'vons vous dire, mou bon Mossieu ; de ce coup là, y n'ont pu v'lu m'laisser vaguer de cheu nous, sans qu'y m'faisions des procès. — Hein ! faut-y avoi du vice... y-z-en voulions à mes poules ; sauf vote respect, à mou cochon ; à note vache, sitôt qui s'echappions. Y m'ont condamné,... c'est-y terrible,... pou mes pauvres poulettes, eune amende... sauf vote respect, pou mou cochon, d'la prison et eune amende ; y disions c'te fois, que j'avions la *recidive;* pou note vache y étions ben pu durs;... enfin quoi!... j'ons à la fin toué nos poules ; j'ons toué, sauf vote respect, note cochon ; j'ons enfermé note pauve vache ; mais quant y zont-z-vu que mes poules étions toués; sauf vote respect, que mou cochon étaut salé... — y n'ont-y pas eu eune aute ruse, quoi !... d'enfer... y disions que j'étions *un rouge,* et que j'pairions tout de même les amendes. Mais, note bon Mossieu le Préfet, pourre de vrai, j'ons voté *ben sûr* pour le député de l'Empereur, à preuve que j'ons pris deux témoins.

LAGLOIRE.

Allons, mon brave homme, tranquillisez-vous, nous verrons à cela. (*Il fait quelques pas.*) Comment vous appelez-vous ?

BAGNOLET, *se levant.*

Bagnolet, Jean-Nicolas, dit l'enfant chéri, né commune de la Renardière, marié à Jeanne-Gustine Ladouceur.

LAGLOIRE, *souriant.*

Bien, bien, mon ami, entrez dans les bureaux, faites-vous conduire auprès de Monsieur Lesage, et racontez-lui votre affaire.

BAGNOLET, *saluant en paysan.*

Merci, mou bon Mossieu, j'y vons.

(*Il suit dès yeux Lagloire, qui s'avance auprès du tapissier, donne à ce dernier à demi-voix des indications, et se retire par une porte de droite. — Bagnolet le suit. — Un instant après, on entend parler.*)

LAGLOIRE, *s'avançant jusqu'au seuil de la porte.*

Vous vous trompez, mon brave homme, prenez l'autre porte en face.

BAGNOLET *rentre dans le salon, salue Lagloire, — puis resté seul.*

Dieu du sort, je n'pourrons en sorti, c'est-y terrible... Si j'vons par là, j'nous perdons... Si j'vons par là...

(*A l'instant entre Coquelicot, concierge.*)

COQUELICOT, *à part.*

Ah ! voilà notre paysan... (*A Bagnolet.*) Qu'est-ce que vous faites ici, vous ? — C'est comme cela que vous vous faufilez dans les appartements !...

BAGNOLET, *à part.*

Tiens, v'la le gros Mossieu de la sonnette. Toi, t'es pas le Préfet; attends. — (*Haut.*) Mossieu, j'v'nons de causer avec note bon Mossieu le Préfet,... qui est tout à fait pour moé; — y m'a dit : Mon brave Bagnolet, faites-vous conduire à *Monsieur Lesage...* (*Il regarde Coquelicot.*) Allons, conduisez... Eh ben ! conduisez don... (*Il passe devant.*)

COQUELICOT, *haussant les épaules.*

Qu'est-ce que c'est que ce finaud-là !

SCÈNE IV.

LAGLOIRE, *rentrant avec le maître tapissier.*

Vous avez bien compris, Monsieur Godinet. Vous n'oublierez pas de placer dans les décors les attributs de l'agriculture, du commerce, de l'industrie ; car nous ne faisons que de ces *chevaliers-là.* Ainsi pas d'armes, pas de casques...

GODINET.

Je vais vous faire apporter sur-le-champ tous les dessins. *Il sort.*)

LAGLOIRE, *seul.*

Non, pas de casques, pas d'armes ; mais des attributs dignes de ces rois patauds, et de tous ces enrichis... Des ânes, des ballots, des livrées de parvenus.

(Entre le contre-maître Marcel, et l'apprenti Laflûte, portant des albums. — Tenue d'ouvriers.)

LAGLOIRE.

Ah ! c'est vous, Marcel ; vous allez trouver là une besogne qui ne vous mettra guère en belle humeur... avec vos idées...

MARCEL.

Vous croyez... Chacun a sa manière de voir, Monsieur Lagloire ; mais celle-là n'est jamais mauvaise, voyez-vous, qui nous fait travailleur *honnête*.

LAGLOIRE.

Bien riposté, vieux brave... où sont vos dessins ?...

*(Marcel fait approcher l'apprenti, qui présente les albums.
— Marcel les ouvre et cherche.)*

LAGLOIRE.

Nous avons prochainement un concours de race porcine... il y aura parmi nos assistants, bien sûr, *des primés*... ils ne seraient pas fâchés de voir...

LAFLUTE, *à Marcel.*

Maître, nous avons le bien-aimé de Saint-Antoine, qui peut faire l'affaire.

MARCEL *prend le dessin, et le montre à Lagloire.*

C'est une allégorie.

LAGLOIRE.

Une allégorie !... Ce gaillard, si béatement campé sur un char de triomphe, et traîné doucement par ce baudet...

MARCEL.

... Ce lourd baudet ;... c'est le *plébiscite* ;... ce gros viveur couronné,... c'est... *(Il hésite, et regarde Lagloire en souriant.)*

LAGLOIRE *le regarde en lui faisant un signe d'intelligence.*

Allons donc !... bah ! ils prendront la chose pour un triomphe de comices.

LAFLUTE, *à part.*

Bon, v'la le calembourg arrivé.

MARCEL.

Que mettez-vous pour le commerce ?

LAGLOIRE.

Ma foi, pour ceux-là ils ont l'odorat commode... *Tout est bon, qui fait argent*, dit leur proverbe... Il nous faut...

MARCEL.

Je vois la chose. (*A l'apprenti :*) Cherche dans l'album n° 2. — (*A Lagloire.*) Nous avons les attributs du libre échange.

LAFLUTE.

Ah ! je connais. (*Parlant en cherchant.*) Lemerluchet au bord de la mer ; assis sur balle et foin, avec ses gants couleur glue... embarquant du Guano de Pantin. (*Présentant le dessin.*) Maître... v'là l'oiseau !

LAGLOIRE, *riant*.

Voyons cela...

MARCEL, *attrapant l'apprenti et lui secouant l'oreille.*

Vilain espiègle, garde tes descriptions pour toi. (*Il relâche l'apprenti et s'approche de Lagloire. L'apprenti lui fait par derrière un pied de nez.*)

LAGLOIRE.

Il nous reste l'industrie... Avez-vous des attributs de circonstance ? Nos industriels, vous le savez, sont des gens décrassés... Ils sont arrivés à l'étape où nous *faisons* les députés... les sénateurs, et tous les autres.

MARCEL.

J'ai un bourgeois gentilhomme tout à fait dans le dernier genre.

LAFLUTE.

Mais, Maître, y z'ont oublié de donner des ancêtres à c'bourgeois-là.

MARCEL.

Tu as bonne mémoire.

LAFLUTE.

J'aime mieux, comme vous dites, *le couronnement de l'édifice du grand crevé.*

MARCEL.

Hein ! que nous contes-tu là, mauvais sujet ? (*Il veut le frapper.*)

LAGLOIRE.

Laissez-le,... laissez-le,... ne lui faites pas de mal ;... il est amusant, votre apprenti.

MARCEL.

Ces drôles ne nous en font pas d'autres. (*Il le prend vivement par le bras.*) Voyons... qu'est-ce que tu appelles le couronnement de l'édifice ?

LAFLUTE *feuillette l'album, puis s'arrête.*

Non, c'est dans l'autre. (*Il le prend, cherche, et montrant le dessin.*) V'là le boudoir... v'là sa *Marguerite*... et v'là, à côté, le bourgeois qui s'fait appeler le *doux seigneur.*

(*Lagloire pousse un éclat de rire. Marcel ne sait s'il doit rire ou se fâcher, puis il se met à rire avec Lagloire. — L'apprenti les regarde ahuri.*)

MARCEL, *prenant l'apprenti par l'oreille, et le conduisant vers la porte.*

Sors d'ici, petit drôle, et retourne vite à l'atelier. — Nous compterous ensemble plus tard.

LAFLUTE, *sortant, à part.*

Sont-ils *rigolos* ceux-là !...

LAGLOIRE.

Votre apprenti a du flair.

MARCEL.

L'espiègle... ça ne lui manque pas.

LAGLOIRE.

Pour en finir, prenez votre bourgeois gentilhomme.

MARCEL.

Le voulez-vous décoré ?

LAGLOIRE.

Ah ! fichtre non ;... ce serait les encourager. Vingt-cinq mille sabords ! n'est-ce pas assez vexant de voir aligner dans notre vaillante légion, des gens ; parce qu'ils ont pendant leur vie, bien bu, bien mangé, bien dormi, et fait grassement leurs affaires,... en volant, rampant, ou jonglant?...

MARCEL.

Je suis content de vous entendre, Monsieur Lagloire ; — à mon avis, je vous le dis, c'est une inconvenance révoltante.

LAGLOIRE.

Nous autres soldats, allons donc maintenant, pour défendre la patrie, et gagner cette croix d'honneur,... endurer la faim, la soif, les fatigues ; nous faire casser bras et jambes, si la tête n'est emportée, et nous voir confondus avec ces éleveurs, ces marchands,... ces roués, ou ces bravi de haute compagnie !

MARCEL.

Ces gens-là, voyez-vous, veulent vous ressembler, sans vous avoir imité.

LAGLOIRE.

Nous ressembler !... mille boulets du diable... des ramollis !... qu'ont-ils donc fait pour la patrie ? (*Ironiquement.*) La patrie, pour eux... c'est tout ; excepté la patrie.

MARCEL.

La patrie,... c'est le gros tas !... quand ils ont bien trotté, bien troqué ; quand le gros tas est fait, ils veulent...

LAGLOIRE.

Parbleu... voler notre croix.

MARCEL.

Voler, avant tout, l'estime que vous vaut ce glorieux emblème.

LAGLOIRE.

C'est cela ;... *s'habiller* avec notre honneur... Morbleu ! quelle honte !

MARCEL.

Que voulez-vous ? avec l'Empire, la croix n'est plus, ma foi, il faut dire le mot, qu'un fruit des quatre saisons. Qui la demande, la reçoit ; si, en retour, il apporte crédit, et offre de se vendre.

LAGLOIRE, *haussant les épaules.*

C'est ce que je vois tous les jours ici, et je vais encore le voir dans un instant. (*Hochant la tête.*) Mon brave Marcel, cela ne peut durer, nous nous pourrissons.

UN VALET, *entrant.*

Monsieur le Préfet demande Monsieur l'Intendant.

(*Lagloire sort. — Un ouvrier entre, prend les ordres de Marcel et sort.*)

SCÈNE V.

MARCEL, *seul.*

Le vieux sergent Lagloire ronge son frein, et il n'a pas tort. Sa croix est tout son patrimoine, le seul héritage de son fils;... c'est le prix de son sang... Et l'Empire le dépouille... pauvre père! l'Empire arrache de la poitrine de ce soldat, le prestige de l'honneur, pour en couvrir des hommes au cœur servile... des hommes qui, pour eux-mêmes, pour leur famille, n'ont su *honorer* leur état. — Mon sergent Lagloire, nous ne pourrissons pas, nous sommes *pourris*... L'honnête Lagneau, cet ami, ce protecteur dévoué de ma jeunesse, avait cent fois raison, quand il me répétait : Marcel, sois *honnête.* L'honnêteté est le salut du citoyen et du pays. — L'Empire cherche à nous *étouffer* dans la corruption. Retiens bien sa devise :

Salve lucro — Salve Baccho
Salve stupro

Chapeau bas devant l'argent !
Chapeau bas devant l'orgie !
Chapeau bas devant la débauche !

C'est l'Empire qui passe...

(*Il sort.*)

|SCÈNE VI.

La cloison tombe, laissant en vue la salle des Chevaliers. A ce moment défile par une porte de droite, se tenant par la main, — sautant et riant, — toute la domesticité du Préfet. — Chef d'office, cocher, laquais, valets, femmes de chambre, concierge, grooms, etc., etc., tous en tenue de service, et poussant au milieu d'eux Bagnolet, qu'ils veulent forcer à chanter et à danser.

GOUJONNET, *chef d'office.*

Mes amis, v'là l'affaire : y n'y a pas de pièce sans ballet; ça manque dans le programme de nos chevaliers truands. Nous allons réparer la chose. Attention !... En avant la ronde des *Chevaliers de Béotie.* — Ça, c'est sérieux !

TOUS.

Oui ! oui ! en avant. — Sautons la ronde.

(*Ils dansent la ronde accompagnés de la musique, et chantent :*)

J'ons du vin, j'ons du pain
Et enco du biau lard
Salé.
Je sons l'pèple souv'rain,
J'disons : non point d'Chopard
L'rouget
Viv' Duroquet
Not'gros minet.
Tra la la la, tra la la la, la la a.

J'ons d'leu comice
L'clair bénéfice,
J'buvons, j'mangeons, j'chantons,
J'dansons leux fameux rigodons ;
Et sans malice
J'ons tous les d'lices.
Tra la la la, tra la la la, la la la.

Pour rigolai
Faut ben votai
Dixit Duroquet
Not'gros minet.
Tra la la la, tra la la la, la la la.

V'là not'pèple souv'rain ;
Y vous plaît-y tout plein ?
Le gros malin
N'est pas crétin.
L'Empire dans son refrain
C'est la joie et le bon vin.
Tra la la la, tra la la la, la la la.

GOUJONNET.

Maintenant faisons la grrrrande figure de la fin

Je suis le gendre à mon beau-père,
Le beau gendre qu'est si parfait,
Lui-zé-moi nous courrons sur terre
D'César annoncer le bienfait.
Zim là-i-là, quel beau gendre ça fait là.

A c'métier-là, j'gagnons not'vie,
A c'métier, rien n'nous humilie,
J'recevons caresses, faveurs,
Solde, crédit, reliefs, honneurs.
Zim là-i-là... etc.

Du balai faut s't'nir près le manche,
Ça vous donne leu coudée franche,
Je connaissons l'Empire à fond.
Tout est lippée pour le frelon.
Zim là-i-là .. etc.

Not'brave Empire en chevaliers,
Du vote érige les courtiers.
Lui-zé-moi, foi de not'minette
La Nanteuil, j'aurons la rosette.
Zim là-i-là, zim là-i-là, quel beau chevalier ça fait là.

GOUJONNET.

Allons la finale, orageusement !

V'là not'pèple souv'rain ;
Y vous plaît-y tout plein ?
Le gros malin,
N'est pas crétin.
L'Empire, dans son refrain,
C'est la joie et le bon vin.

GOUJONNET.

V'là la procession qui arrive, sauve qui peut !...

SCÈNE VII.

*Salle des Chevaliers : Fauteuil du Préfet, sur une estrade. A droite
le Général, à gauche Fauconnet. — Deux degrés au dessous : les
Conseillers de préfecture ; à droite et à gauche en éventail, les
Conseillers généraux, les familiers et notables. Lemerle se place de
côté à droite et au-dessous du Général. — Au pied des degrés,
place du coussin sur lequel sont fixées deux croix de Chevalier.*

*Entrée des personnages dans l'ordre ci-indiqué : Le Préfet ; derrière,
le Général et Fauconnet ; les conseillers de préfecture ; les conseillers généraux. — La musique joue les airs mêlés, de la Reine*

Hortense, — de Fanfan la tulipe, — du Renard et du Corbeau.
*Le Préfet s'assied, puis Duroquet et Fauconnet, et les Conseillers de
préfecture. — Les Conseillers généraux restent debout en éventail ;
leurs croix attachées par un ruban de trente centimètres. Levallet,
Conseiller de préfecture, va déposer le coussin au pied de l'estrade.
En face, à trois pas, les fauteuils des récipiendaires. — Lemerle
se léve. — La musique cesse.*

LEMERLE, *après avoir salué Monsieur le Préfet.*

Monsieur le Préfet ordonne que les récipiendaires seront
introduits par Messieurs les Conseillers Poireau et L'au-
bépine.

*(Les deux Conseillers désignés se rendent dans une pièce voisine et
introduisent les deux récipiendaires, qui vont prendre place sur les
fauteuils.)*

LE PRÉFET *lit le discours suivant :*

« Messieurs,

« Dans son impériale sollicitude, Sa Majesté a voulu répon-
« dre, vous ne l'ignorez pas, aux touchants témoignages de
« dévouement d'un grand nombre de ses fidèles sujets. — Elle
« a, dès son avénement, ordonné que *l'insigne de la vaillance*
« militaire brillerait sur la poitrine de ces hommes plus mo-
« destes, qui, avec une rare opiniâtreté, travaillaient à l'exé-
« cution *occulte* de ses augustes volontés. (*Trés-bien ! trés-bien !*)
« Le cœur de Sa Majesté a daigné s'émouvoir à la vue de
« tous les *nobles* dévouements dont elle était environnée. (*A
« cet instant le Conseiller général Leveau essuie une larme furtive
« avec le revers de la manche de son habit). (Le Préfet à Leveau.)*
« Laissez un libre cours à cette larme de reconnaissance,
« Monsieur Leveau ! J'attendrai... Cette larme, je la signa-
« lerai à Sa Majesté. (*A cette parole, les Conseillers se mettent
« successivement à verser une larme).— Le Préfet.* Quand ce témoi-
« gnage de votre reconnaissance sera épuisé, Messieurs, je
« continuerai. — (*Tous cessent de verser des larmes, et essuient
« leurs yeux. — Le Préfet continuant.*) Vous, qui les premiers
« avez éprouvé les heureux effets de cette émotion, — et je
« me plais à le proclamer, — vous avez senti votre esprit

« enflammé d'une ardeur inconnue, et vous avez travaillé avec
« une nouvelle ferveur à la vigne du maître. (*Très-bien ! très-*
« *bien !*) Sa Majesté a senti à son tour son âme fortifiée au récit
« de vos fatigues, de vos dégoûts, de vos hontes vaincues pour
« son amour. — Elle vous avait, jusques ici, comblés de bien-
« faits. — Aujourd'hui, elle veut vous en accabler. (*Bravo !*
« *bravo !*) Et sa bonté vient encore de s'étendre à de nouveaux
« élus, qui sont déjà vôtres par les œuvres. Désormais vous
« aurez droit de suzeraineté sur vos électeurs. (*Très-bien !*)
« Désormais vous resterez affranchis des lourds devoirs de vos
« charges, dont je porterai, *seul*, tout le poids. (*Bravo !*) Désor-
« mais nos pénibles sessions feront place à de saintes agapes,
« que je vous annonce au cri de *tout par l'Empire, tout pour*
« *l'Empire*, qui verse sur nous (*Avec un fin sourire et regardant*
« *les conseillers.*) l'heureux poison de ses bienfaits ». (*Cris :*
Très-bien ! bravo ! vive l'Empire !)

(*La musique joue l'air du* Roi d'Yvetot.
Lemerle se lève. — *La musique cesse.*)
Etats de services des Récipiendaires.

Monsieur DUPIVOT, Nestorin-Jules-Hector, — cinq années de
noviciat, — cinq années de campagne ; — mise à l'ordre du
jour à la bataille *plébiscitaire* ; — services signalés ; — premier cornet acoustique *urbi et orbi.*

(*Cris : Bravo! bravo!...*)

Monsieur DUJARRET, Jérôme-Nicolas-César, — douze années
de service, — douze années de campagne ; — mise à l'ordre
du jour à la bataille *plébiscitaire* ; — action d'éclat dans les
derniers comices.

(*Cris : Bravo ! bravo!...*)

LEMERLE.

Monsieur Lahure, donnez lecture de l'acte de soumission
préalable déposé par les récipiendaires.

LAHURE.

Nous, soussignés, DUPIVOT, Nestorin-Jules-Hector, — DU-
JARRET, Jérôme-Nicolas-César, sollicitons l'insigne honneur
de nous jeter aux pieds de Sa Majesté ; d'y déposer nos sentiments, nos désirs, nos volontés. Nous jurons de *renoncer à*

l'amour des nôtres, à l'amour de notre pays, pour n'aimer, ne connaître et ne servir que Sa Majesté. Nous supplions Sa Majesté de daigner attacher à nos poitrines le signe éclatant de notre *glorieuse obéissance.* — Signé : Dujarret, Dupivot. Vu, enregistré et déposé aux archives impériales.

(La musique joue, air : Saute Paillasse.)

LEMERLE se lève. — La musique cesse.

Messieurs Dupivot et Dujarret, au nom de l'Empereur, vous êtes admis au jurement solennel d'obéissance.

LE PRÉFET, se levant.

Vous jurez?

DUJARRET et DUPIVOT, ensemble.

Nous jurons!

LE PRÉFET.

Au nom de l'Empereur, je vous proclame chevaliers de l'Empire. (*Il étend la main vers le coussin sur lequel sont déposées les croix.*) Chevaliers de l'Empire! Ramassez... (*Dupivot et Dujarret se précipitent et ramassent; puis revenant à leur place, ils remettent leurs croix à leurs parrains, qui les leur attachent.* — *Le Préfet s'assied.*)

LEMERLE se lève.

Chevaliers et Parrains, récitez l'action de grâces.

DUPIVOT, DUJARRET et LES DEUX PARRAINS, à demi inclinés.

« Prosternés aux pieds de Sa Majesté, et confondus dans les « bouillonnements de notre reconnaissance, nous déclarons « que ce jurement sera *l'éternel honneur* de notre vie. Nos « âmes et nos forces sont vouées à jamais au service de l'Em- « pereur ».

TOUS LES CONSEILLERS GÉNÉRAUX.

Amen! amen!...

(*La musique accompagne; air*: Allez-vous-en les gens des noces. *A ce moment on apporte au Préfet une dépêche.* — *Tous les regards se portent sur la dépêche.*)

LE PRÉFET , *ayant pris connaissance de la dépêche,*
fait cesser la musique. — S'adressant radieux à l'assemblée.

Applaudissez, Messieurs, à l'heureux début de la campagne
entreprise par votre Empereur. L'Empereur mande à tous ses
sujets que l'airain a tonné, et qu'une balle ennemie, après
avoir rempli les airs de ses horribles sifflements, est venue
expirer aux pieds de l'auguste héritier. Sa Majesté a ordonné
que *cette balle* serait déposée au musée des Souverains pour
rappeler aux générations futures les premières armes de l'héroïque enfant.

TOUS.

Vive l'Empereur!

(*Le Préfet se lève au milieu des cris, et le départ s'effectue dans l'ordre*
d'arrivée. — La musique joue l'air de Marlborough.)

FIN DU QUATRIÈME ACTE.

ACTE V.

—

SCÈNE PREMIÈRE

Dans le fond de la scène, solle de bal. On danse. L'orchestre joue.
Le Préfet et le Général s'avancent sur la scène.

LE PRÉFET.

Général, nos affaires vont mal. — Les pires dépêches se
succèdent... Je les retiens... espérant...

DUROQUET, *vivement et avec anxiété.*

Que disent-elles ?

LE PRÉFET.

Nous battons en retraite.

DUROQUET.

Ventrebleu... en retraite !

LA BARONNE *les rejoignant, ayant au bras Lahure.*

Eh bien ! Général, notre ministre de la guerre va laisser un
nom fameux.

LE PRÉFET.

C'est déjà fait.

DUROQUET.

Tant pis !

LA BARONNE.

Décidément l'Empire aura son général *Boum.*

DUROQUET.

C'est une honte !

LE PRÉFET.

Ce vieil Empereur en voulait partout...

LA BARONNE.

L'armée est furieuse. Mal équipée, mal nourrie, mal com-
mandée ; elle veut fusiller tous ces *Boum* qui la déshonorent,
elle et ses rares capitaines.

DUROQUET.

Et que dit l'Empereur ?

LE PRÉFET.

Tenez... lisez cette dépêche.

DUROQUET, lisant rapidement — (haut), la fin de la dépêche.

Tout peut se rétablir...

LA BARONNE, avec exclamation.

Est-ce possible !

(En ce moment on entend au dehors, sur la place Napoléon, en face de la Préfecture, un bruit confus. — L'orchestre et les danses s'arrêtent. — Le Préfet, Duroquet et Lahure se dirigent vivement vers une des fenêtres. — Le bruit a cessé ; après avoir écouté quelques instants, ils reviennent ; les danses reprennent. — Le Préfet préoccupé disparaît.)

LA BARONNE, à Lahure.

A cette heure que peut-il se passer dans votre ville?

LAHURE.

Madame, c'est, je crois, le bruit des chants de quelques cafés-concerts du voisinage.

DUROQUET.

Assurément, Baronne, ce ne peut être que cela.

(Au même instant le bruit recommence.)

LE PRÉFET rentre atterré, une dépêche à la main qu'il présente au général; — à demi-voix brève à la Baronne.

L'empire est blessé à mort.

(Le bruit des voix grandit, et devient plus distinct.— Tumulte général. — Chacun s'agite en désordre et se précipite vers les fenêtres. — Aussitôt les cris terribles du peuple se font entendre.)

Il est tombé, l'ennemi de la patrie... l'ennemi du peuple... Il est tombé... Vive Dieu !... Vive la patrie!... Que la statue du tyran soit abattue... partout... partout... Qu'on brise sa statue !... Oui, qu'on brise sa statue !... qu'on traîne l'assassin des citoyens... l'ennemi de la patrie... Nous respirons... Nous ne craignons plus !... Tremblez, proscripteurs... vils satrapes !... tremblez, délateurs !... notre salut

le veut... Périsse la mémoire de l'assassin des citoyens...
du corrupteur du peuple... de l'ennemi de la patrie !... Il a
violé les lois ;... qu'il soit traîné !... Il a fait périr les inno-
cents dans l'exil ;... qu'il soit traîné !... Il a trahi la patrie ;...
qu'il soit maudit !... Oui !... oui ! malédiction sur lui... sur
sa race... Qu'il soit jeté bas, le traître... le corrupteur... le
violateur des lois... Qu'il soit jeté bas pour jamais !... pour
jamais !...

*(Au milieu de ces cris et du tumulte, les musiciens se sont échappés
de la salle, et ont rejoint la foule sur la place. Aussitôt ces
derniers cris, ils se mettent à jouer* la Marseillaise ; *la foule crie :
Bravo ! Bravo ! Vive la patrie ! et se met en marche. — Peu à
peu le bruit devient confus, et ne s'entend plus. — A l'intérieur
le désordre est au comble. — Chacun ému, troublé, va, vient, se
cherche sans mot dire, passant et repassant comme des ombres
affolées, et s'enfuit successivement. — Le Préfet reparaissant fait
quelques pas à droite, à gauche, cherchant des yeux le Général et
la Baronne. Il aperçoit la Baronne évanouie sur un canapé ; —
il s'approche, lui prend la main, la regarde quelques instants.
Les seuls invités restés : Lahure, Griffard, Fauconnet, et le Général qui accourt ; Dupivot, Dujarret, Gaston, se forment successivement en groupes isolés autour. La Baronne fait un mouvement brusque de tête, et sortant peu à peu de son évanouissement
lève des yeux égarés sur ceux qui l'entourent.)*

LA BARONNE, *se levant tout à coup, étend la main sur les assistants
et d'une voix impérative qui révèle l'égarement.*

Où est l'Empire?... Vous tous parlez... je le veux !... Où
est l'Empire?... *(Elle fait quelques pas, porte ses mains à son front,
comme pour se tirer d'une vision. Chacun, les traits pâles et défaits,
et dans l'ahurissement, la suit des yeux ; — elle s'arrête brusquement
devant le Préfet.)* Qu'avez-vous fait de l'Empire?... parlez...
je le veux ! *(Elle tombe sur le canapé, ses cheveux se dénouent.)*
Oui... je le veux !... *(Se levant avec majesté.)* Allons, Comtes,
Barons, Chevaliers, laissez passer ; et faites escorte à votre
dame du palais. *(Les rangs s'ouvrent, elle s'avance, et subitement
recule comme devant une vision, les cheveux au vent et les mains au
front, — sa figure paraît illuminée ; tous restent sous l'effroi. — La*

Baronne d'une voix qui semble caresser de joyeuses espérances ;) Arrière, valets!... voilà le maître qui vient... Entendez le hennissement des chevaux... entendez le bruit des trompettes... et des armures... C'est l'Empire!... serrez les rangs par derrière... Ducs, Comtes, Sénateurs, Barons, Chevaliers, Législateurs ; cohorte de preux, serrez les rangs... *(D'une voix plus palpitante sous la joie.)* A nous seuls le pain enivrant de la joie;... le vêtement des honneurs ;... l'éclat retentissant des carrousels;... à nous, les plaisirs de la danse;... à nous, les voluptés de la scène;... à nous, les chauds frémissements du harem... Réjouissez-vous, c'est le siècle qui nous a donné ce dieu fait Empereur!... Comme il s'avance glorieux en passant fièrement sur les reins d'un peuple prosterné !... *(Tout à coup elle pousse un gémissement déchirant et prolongé.)* Oh!... Quel est cet horrible tonnerre qui gronde au-dessus du dieu ?... Malédiction!... Il tombe foudroyé!... *(Elle se jette en arrière.)* Arrière... arrière !... tout fuit ;... terreur... désordre sous les bonds de ce cavalier de feu... *(Elle tient la main étendue sur la vision.)* Le glaive enflammé au poing... il les chasse des palais dans la plaine... *(Reculant en faisant un mouvement d'épouvante.)* Enfer!... malédiction !... les sombres fantômes s'avancent;... ils accourent de Caprée;... horreur!... ils étendent lentement sur la plaine, leur suaire sanglant... C'est fait!... La plaine est recouverte... *(Elle fait un mouvement de surprise.)* L'écho roule dans la plaine... *(Elle écoute et pousse aussitôt un cri d'effroi.)* Damnation!... *(Elle fait un mouvement pour fuir, et reste clouée sous l'épouvante de cet écho qu'elle semble entendre ; — tout à coup avec un rire sardonique.)* Entendez-vous?... crime, trahison, corruption!... arrête, écho... arrête... Il roule toujours!...fuyons!... *(Elle veut fuir, mais elle chancelle et tombe dans les bras du Général, qui s'est précipité au devant. — Lagloire s'approche du Général et soutient la Baronne. — On l'emporte. — Le Préfet et Fauconnet suivent. — Dupivot, Gaston, Dujarret d'un côté, — Griffard et Lahure de l'autre, restent sur la scène atterrés et se regardant de temps à autre. — Dujarret rompt le silence.)*

SCÈNE II.

DUJARRET, *à Gaston.*

Elle est folle, votre Baronne. Cette émeute l'a tuée.

GASTON, *cyniquement.*

C'est dommage, c'était, ma foi, une fort jolie femme ; je ne l'ai jamais tant admirée.

DUPIVOT.

Jeune homme, quand la fortune nous dit adieu, il n'y a plus de vie galante... Au revoir. (*Il sort.*)

DUJARRET, *à Gaston.*

C'est net.

GASTON, *haussant les épaules.*

Celui-là prend les devants pour se dire de la veille.

DUJARRET, *prenant Gaston par le bras.*

Sautons sur le pont, et vogue la galère ; mon cher Gaston, allons prendre l'air et tâter la foule. Cette femme-là m'a étouffé avec ses cris de sybille.

(*Ils disparaissent.*)

SCÈNE III.

Lahure et Griffard sortent de leur anéantissement, et les regardent partir.

LAHURE, *machinalement.*

Où vont-ils ?

GRIFFARD.

Lahure, êtes-vous de mon avis ?

LAHURE.

Lequel ?

GRIFFARD.

Je le prévois ; l'Empire entre dans la tombe.

LAHURE.

Et mes chères *mentions* de dévouement !

GRIFFARD.

Et les *miennes*... Hélas!... J'ai le sort du corbeau de César,
sans sa dernière chance.

LAHURE.

Alors que faire ?

GRIFFARD.

C'est à recommencer...

LAHURE.

Entendu...

GRIFFARD.

Vous savez... chez moi, de père en fils ce n'est pas la première fois.

LAHURE.

Ni chez moi.

GRIFFARD.

Bien sûr...

LAHURE.

Quant à moi, je connais déjà trois méthodes de natation
politique... et je suis bon plongeur.

GRIFFARD.

Dans ma famille, on fait école pour le genre.

LAHURE.

Il n'y a pas d'occasion plus belle.

GRIFFARD.

Préparons-nous à écraser l'Empire.

LAHURE.

C'est cela. Allons trouver le *Corsaire*... et à nous l'honneur
des premiers coups !

(*Au moment où ils vont sortir, on entend le battement éloigné
du tambour.*)

LAHURE *s'approche de la fenêtre.*

Des torches... C'est la vile multitude...

GRIFFARD.

Par où fuir ?... (*Il regarde partout. — Lahure se jette par une
porte dérobée. — Griffard se précipite sur ses pas.*)

SCÈNE IV.

LE PRÉFET *entre et regarde de tous côtés ; il est agité.*

Ils ont tous fui... les plats valets... (*Il fait quelques pas, hausse les épaules, et se parlant haut à lui-même.*) Soit !... à nous maintenant... Je quitte la Béotie;... mais je ne prends pas congé du pouvoir. (*Il sonne.*)

GASTON *entre dans le même moment et brusquement.*

C'est une révolution qui arrive...

LE PRÉFET, *froidement.*

Je le sais... (*Il marche l'esprit en proie à mille pensées. — A Gaston.*) Donne ces cartons... ces papiers... (*Il indique du doigt le mur.*) Il n'y a pas une minute à perdre.

GASTON, *stupéfait.*

Des cartons... où... par où... à cette heure... Eh ! bon Dieu...

LE PRÉFET, *vivement et marchant.*

Donne... donne... mon salut, le tien... peut-être notre avenir sont là (*Gaston reste immobile d'étonnement.*) Quels hommes !... ils ont servi... renié tous les régimes... commis toutes les bassesses... Une émeute les emporte... les révolutions les ramènent... et c'est nous seuls qui périssons ;... non, morbleu !... cette fois cela ne sera pas. — (*Il sonne de nouveau machinalement. Personne ne vient.*)... Mes gens ont fui aussi... (*Il se dirige vers le mur, pousse un bouton, un panneau dissimulé s'ouvre et laisse voir trois cartons. Le préfet les ouvre, s'empare de papiers qu'il serre sur lui, et referme le panneau.*) Maintenant je vous attends, ministres imbéciles d'un Empereur félon, et toute la tourbe de vos affamés d'honneurs et de crédit... je tiens vos fastes et votre jugement ;... le lendemain est à moi. (*Se retournant vers Gaston.*) Allons, partons. (*Revenant aussitôt sur ses pas.*) Maladroit... j'étais perdu ! (*A Gaston vivement, et lui montrant d'un geste le foyer.*) Du feu !... (*En même temps que Gaston jette machinalement quelques papiers allumés dans le foyer, le Préfet se dirige rapidement vers le panneau, l'ouvre, saisit une liasse et va la jeter dans le foyer.*)

GASTON, *très-étonné, et croyant à une erreur de son père,*
veut l'arrêter par le bras.

Mon père... que faites-vous?

LE PRÉFET, *l'écartant brusquement, et jetant au feu la liasse.*

Malheureux!... (*Il regarde le papier qui achève de brûler.*) Adieu!
décrets... Adieu! proscriptions!... avec vous... nous allions
rajeunir l'Empire.

LAGLOIRE *entre ému, portant son ancien costume de sergent*
de marine, au Préfet.

La foule menace d'envahir l'hôtel...

LE PRÉFET, *se tournant vers Gaston.*

Partons... (*Ils sortent tous deux précipitamment par une porte*
dérobée.)

SCENE V.

LAGLOIRE, *seul, les regardant fuir.*

Bon voyage, Messieurs de l'Empire!... Les Duroquet... les
Rocambole;... Préfets, Généraux, ma foi, sont taillés dans le
même bloc... Ils connaissent à fond la parade, et savent seulement reculer devant le feu. (*On entend des clameurs qui s'élè-*
vent au dehors.) Bon!... Voilà mon peuple souverain qui se
fâche... Hurle, imbécile! tu ne fais pas peur au vieux sergent
Lagloire... Je connais tes hurlements... (*Les clameurs redou-*
blent, Lagloire poursuivant et comptant tranquillement sur ses
doigts.) En 1830, tu hurlais pour un cadet de famille qui con-
voitait le plat du frère Esaü; tu as reçu pour ta peine un joli
croc en jambe... En 1848, tu hurlais pour les frères et amis;...
ça ne t'a rapporté que plaies et bosses... En 1852, tu hurlais
pour le *supposé* de Louis de Hollande;... celui-là t'a *soûlé* de
femmes et d'argent jusqu'à te *pourrir*... Aujourd'hui tu hurles
pour qui... pour quoi?... (*Haussant les épaules.*) Tu me fais
pitié, mon cher souverain... Traité en soudard par tous les
partis; tu ne sais plus que courir au butin, sur tes frères,
comme un *bandit*... Fichtre!... quel brave homme de souverain... C'est à jeter par-dessus le bord... (*Les clameurs devien-*

nent plus vives.) Allons, allons, prends patience. C'est un roi qui va t'introduire. (*Il ouvre la fenétre du salon, et s'adressant au Concierge.*) Coquelicot, ouvre les portes au peuple souverain, et introduis-le. (*Il referme la fenétre, s'asseoit sur le canapé, tire sa pipe, et la bourre.*)

SCÈNE VI.

A ce moment, une partie de la foule pénétre dans le salon, sans prendre garde au sergent. — Un meneur est en tête, ayant bonnet phrygien, et tenant drapeau rouge à la main. — On aperçoit des individus qui se glissent le long des murs, et cherchent à faire main basse sur des objets mobiliers. — Le meneur saute sur un fauteuil, et adresse à la foule la harangue suivante.

LE MENEUR.

«Braves sang-impurs !...

« Sur les ruines de l'infâme dynastie, tombée pour toujours « dans la honte et dans la boue, élevons la sainte Commune; « et jetons l'épervier vengeur sur les ennemis éternels de la « libre pensée.

LA FOULE.

Oui ! oui ! la Commune... Vive la Commune !

LE MENEUR, *continuant.*

« Les scélérats !... Que de mal ils nous ont fait !

« Moulus sous le despotisme affreux de l'ogre impérial, et « de sa cour de sacripants, souteneurs et frelampiers de la « terre, levons-nous pour exterminer ces monstres !...

LA FOULE.

Oui ! il faut les exterminer tous.

LE MENEUR.

«... Et aujourd'hui que je vous parle, jurons qu'il n'en res- « tera pas un seul mâtin pour dire un *De profundis* à l'autre.

LA FOULE.

Nous le jurons !...

LE MENEUR.

« ... Délogeons de leur palais la troupe abominable de ces
« vendus, qui promenaient au milieu du peuple, sous la livrée
« du tyran, les vices de la gueuserie, la luxure du gorille, et la
« puanteur de la servitude !...

LA FOULE.

Oui ! oui !... A la Lanterne.

LE MENEUR.

« ... Jurons, sur ce drapeau, de ne déposer les armes, que
« lorsque la sainte guillotine aura fait sauter les têtes des
« affreux suppôts de la tyrannie ; et lorsqu'elle nous aura dé-
« barrassés, mille noms du diable !... de la vermine armée par
« ce Viédase pour assassiner le peuple et trahir la patrie !...

LAGLOIRE , *à cette parole, se fait jour à travers la foule,*
et s'élançant sur ce tribun.

Vingt-cinq mille sabords ! tu en as menti, grenouille d'é-
gout !... (*Il le jette bas du fauteuil, — lui arrache son drapeau,*
et s'adressant à la foule.)... Vous autres, si vous bougez...
je fais sauter la bombonnière. (*En même temps d'un geste, il place*
sa pipe allumée au-dessus d'une trappe qu'il a ouverte avec son pied.
La foule reste comme pétrifiée. — Se tournant vis-à-vis de l'orateur.)
L'armée n'assassine pas, mille tonnerres !... elle se bat ;...
elle n'a pas trahi, lâche coquin !... elle a été livrée. (*Se*
tournant vers la foule.) Voyons, vous autres ?...

LA FOULE.

Oui, elle a été livrée... mort aux traîtres !...

LAGLOIRE, *au meneur.*

L'armée, entends bien ; c'est nous autres... les enfants du
peuple... sommes-nous des lâches ?... parle... braillard !...
reprends ta besogne... (*Le meneur effrayé regarde Lagloire en*
dessous, et soudain fait un mouvement pour fuir.) Qu'est-ce que c'est
de ça ?... tu veux faire demi-tour ;... halte-là, ma vieille ga-
zelle. (*Il l'étreint par le bras, et le ramène.*) Voyons, voyons, tu as
insulté le sergent Lagloire, (*Se tournant vers la foule.*) et nos
enfants à tous !...

LA FOULE.

Oui ! oui !... c'est vrai.

LAGLOIRE.

Tu as dit que nous avions trahi !...

LA FOULE.

C'est vrai ! Il l'a dit...

LAGLOIRE.

Assassiné le peuple...

LA FOULE.

Il l'a dit. (*Plusieurs voix.*) A la Lanterne ! (*Le meneur regarde la foule avec effroi.*)

LAGLOIRE.

N'aie pas peur, ventre de biche ! (*Il le ramène contre lui.*)... Ecoute, le sergent Lagloire va te donner un conseil... suis-le! Notre drapeau, le drapeau du vrai peuple français;... c'est le drapeau de l'honneur et de la vaillance... (*S'adressant à la foule.*) Vous autres, vous connaissez ça !...

LA FOULE.

Oui, oui, bravo !... C'est notre drapeau... C'est le drapeau de nos pères... de nos enfants. Vive notre drapeau !...

LAGLOIRE.

Ce drapeau-là... ton Viédase de tout à l'heure, et ses compagnons scélérats... ce drapeau-là... ils l'ont déshonoré !... (*Ses bras tombent, et une larme s'échappe des yeux du vieux sergent.* Pauvre France !...

LA FOULE, *émue.*

Mort aux scélérats!... mort aux traîtres!... Vengeance!

LAGLOIRE, *au meneur.*

Toi et ta Commune, vous avez osé le renier... Vous l'avez abattu... (*Se dressant avec colère, et tirant sa moustache.*) Mille tonnerres !... deux insultes à la fois, c'est trop !

LA FOULE, *avec frémissement.*

Oui ! C'est trop !

LAGLOIRE, *frémissant.*

Toi... ta Commune... et le Viédase, comme tu l'appelles, vous avez la vaillance du bandit. (*Se tournant vers la foule.*) Qu'en dites-vous, les amis ?... Celui qui renie le drapeau; qui l'insulte... celui qui le déshonore !...

LA FOULE, *plus frémissante.*

C'est un ennemi... c'est un traître... un bandit... à mort ! à mort !

LAGLOIRE, *levant fièrement la tête, et saisissant de nouveau le meneur par le bras.*

Entends-tu !...Ton drapeau,... c'est le drapeau du frère Caïn ! Va le planter en Corse... Ici ;... c'est la France !...

(*Au même moment il le pousse rudement, et le meneur va rouler lourdement sur le parquet.*)

LA FOULE *crie.*

Vive le sergent Lagloire !... à la Lanterne, le traître !...

(*En roulant à terre, une perruque se détache de la tête du meneur, sa barbe se trouve dérangée. — Étonnements aux premiers rangs de la foule.*)

LAGLOIRE, *sautant sur le meneur.*

Hé ! hé ! mes amis ;... c'est mieux qu'un traître ; c'est un espion... et de la plus belle lignée.

LA FOULE, *répète avec étonnement.*

Un espion... un espion... à mort !...

LAGLOIRE.

Attendez !... ne nous pressons pas ;... faisons la visite des annexions. (*Il lui arrache sa perruque, sa barbe ; soulève ses vêtements, découvre des habits bourgeois, une ceinture pleine d'or... des papiers.*)

LA FOULE, *irritée, gronde, pousse des clameurs furieuses.*

A mort !... à mort !...

LAGLOIRE.

Silence ! respect à l'ennemi, même quand il se conduit lâchement !... (*Il tire son épée.*) Dieu protége la France !... En avant !...

LA FOULE.

A l'Hôtel de Ville !... En avant l'espion !...

(*On emmène l'espion, et la foule sort de la Préfecture, Lagloire en tête. — La toile tombe, et se relève un instant après et laisse voir le tableau qui suit.*)

SCÈNE VII.

*La scène représente Sedan, ses environs. Dans le lointain, vue, à vol
d'oiseau, de Metz, Strasbourg... Campagnes dévastées... villages à
moitié détruits... çà et là des casques, des armures... des fosses
surmontées de croix... — La France à demi couchée sur le flanc
d'une petite colline, appuyée sur un rocher, promène lentement ses
regards sur ces contrées malheureuses... Un génie descend d'une
colline qui domine en face celle où elle est assise... Il s'approche
d'elle et s'arrête à quelques pas de la France. — La France est
plongée dans une muette douleur.*

LE GÉNIE.

« France !... France !... me voici,... écoute ma voix...
« Je suis le génie de tous les peuples, de toutes les nations,
« de tous les royaumes, de tous les empires, de toutes les do-
« minations... Je suis particulièrement le génie de la nation
« des Francs...

« Je t'ai donné prospérité, grandeur et puissance au-dessus
« de toutes les nations, quand tu m'as été fidèle.

« Je t'ai choisie entre toutes les nations pour enseigner aux
« autres nations la loi de la vérité et la loi de la fraternité, et
« toutes les nations reconnaissantes t'ont proclamé à l'envi :
« Ma fille aînée !... »

« O France ! je le dis à l'honneur, à la gloire de tes fils ;
« pendant des siècles tes fils ont honoré, défendu, protégé la
« civilisation... — Par elle ta royauté s'est étendue sur toutes
« les autres nations tes sœurs !...

« Par elle tes enfants sont devenus grands dans la science
« et dans la pensée !...

« Par elle ils ont marché devant les peuples, environnés de
« lumière, leur ouvrant la route de l'avenir !...

LA FRANCE *se soulève, puis debout, les mains étendues et abaissées
vers le génie.*

Honneur!... Gloire!... Amour!... A toi, génie tutélaire!

(En achevant ces derniers mots elle semble écouter, et sa figure devenant radieuse.)

Entends ces voix d'en haut... ces voix de mes enfants... elles répètent mon hymne de reconnaissance !...

(La France et le Génie écoutent... un concert harmonieux semble sortir des airs, et au milieu on distingue le chant de plusieurs voix. — Les voix répètent trois fois :)

LES VOIX.

« Honneur ! Gloire ! Amour ! au génie protecteur de notre mère !»

LE GÉNIE.

(Les chants ayant cessé, sa physionomie exprime une douce tristesse en contemplant la France, qui est retombée dans sa muette douleur.)

« O France ! ô ma fille bien-aimée ! pourquoi les fils m'ont-
« ils abandonné ? Quel esprit d'égoïsme a rempli leur cœur ?...
« Quel esprit de manœuvres injustes, et de politique menson-
« gère a remplacé la noblesse de leur conduite et la droiture
« de leurs paroles ?

« Le vice les dévore... Leur poitrine ne bat plus aux mots
« de Vaillance... Devoir... Patrie... Ils ont perdu jusqu'à
« l'instinct de leur destinée ! ..

LA FRANCE.

Pitié !... ne les maudis pas !... je suis leur mère...

LE GÉNIE.

« Jette les yeux sur le livre de l'histoire;... lis leurs fas-
« tes... Depuis bientôt seize lustres ils ne connaissent plus la
« paix... Tout gronde... tout mugit... tout fermente en eux...
« Livrés à la vanité de leurs pensées, ils ont répudié le legs
« glorieux de leurs pères de 89 (1);... et cette œuvre immortelle
« de la sagesse de leurs pères, créée pour enfanter les généra-
« tions à la vertu... à la grandeur... ils l'ont renversée !.. »

LA FRANCE, *étendant les mains vers le génie.*

Pitié !... ne les maudis pas !... je suis leur mère!...

(Ses mains s'abaissent en se joignant. En entendant les paroles qui suivent, la France paraît comme affaissée sur elle-même, et peu à peu tombe en s'appuyant contre le rocher où elle était assise.)

(1) Note de l'auteur. — *Cahiers de 89.*

LE GÉNIE.

« ... Sur l'emplacement de cette œuvre... qu'ont-ils édi-
« fié?... regarde !... (*Le Génie étend la main au-dessus d'elle.*)
« Ils ont élevé une nouvelle Babel... La Babel de la libre
« pensée !... Ils ont fait de la loi de Liberté un mensonge !...
« de la loi d'Egalité un mensonge !... de la loi de Fraternité
« un mensonge !... et aussitôt ils sont devenus frères enne-
« mis !... et aussitôt a commencé entre eux le règne de la
« servitude, de l'oppression, de la haine !... Au nom de la
« libre pensée... ils ont opprimé la pensée chez leurs frères...
« et dans une nuit de sang ils ont établi sur eux une effroyable
« domination !...

« Au nom de la libre pensée ils ont voulu la domination
« sur les nations tes sœurs ; et dans leur délire ils ont invo-
« qué le démon des batailles ;... et le démon des batailles
« soufflant sur eux l'esprit de haine... mettant dans leurs
« mains les fers de la servitude, les a précipités sur les nations
« tes sœurs !... Couchés dans les langes sanglants de la
« défaite... ils se relèvent;... mais c'est pour courir encore
« à leur idole !...

« Entends-les, ma fille !... Entends-les, pauvre France !...
« Ils demandent alliance au Parjure, à l'Hypocrisie... à la
« Ruse ;... et le Parjure, l'Hypocrisie, la Ruse ont répondu :
« Soyons alliés !...

« Et, ensemble, ils ont dit : « Reprenons la domination sur
« nos frères et sur la pensée de nos frères !... Et peu après
« leurs frères ont senti leurs pensées, leurs croyances, leurs
« libertés enchaînées !... Voici qu'à l'heure où ils ont cru
« leur domination établie pour toujours, la basse Envie a
« soufflé sur eux l'esprit de division... Le feu de la haine
« jalouse éclate dans leurs regards;... la guerre est entre
« eux... une guerre à mort !... Ils tombent, et avec eux
« roule à terre leur domination impie... Dans cette chute
« sanglante, ils ont encore crié à l'idole !... A ce cri, cette
« fois, est accouru *l'homme de sang et de boue*... et cet homme
« ennemi leur a dit : « Le Parjure, l'Hypocrisie, la Ruse, ce
« n'est pas tout... Suivez-moi... Vous vaincrez par la cor-

« ruption !... » Et ils ont revêtu d'autorité *l'homme de sang et*
« *de boue*... Aussitôt il s'est accouplé avec la Volupté, et il a
« engendré la Corruption... et la Corruption a régné dans la
« science, et dans la pensée de tes fils !

  « France !... France !... ne te sens-tu pas humiliée devant
« les nations ! »

LA FRANCE, *faisant un mouvement pour se soulever, et porter
ses regards sur le Génie.*

Vois l'étendue de ma douleur ! mes fils ne me connaissent plus !... mes fils ne sont plus !...

(*Elle retombe dans son anéantissement.*)

LE GÉNIE.

  « France !... fille chérie,... sache-le,... ma générosité
« pour toi n'est point épuisée... J'ai préparé ta délivrance !...
« lève les yeux !... Qu'est devenu *l'homme de sang et de*
« *boue ?*... Au souffle qui est sorti de ma bouche, ses pensées,
« ses projets, ses travaux ont disparu comme la fumée au
« vent... J'ai retiré mon bras, et en même temps la nation
« du (1)....................... ......!... Nourrie longtemps
« de .... de ....
« ....de ....,
« .... exercée longtemps à marcher, à l'exemple
« de tes vieux Francs, sous la foi et sous la discipline, elle
« a ri de l'orgueil de *l'homme de sang et de boue* ;... elle a ri de
« la valeur de ses capitaines et de ses prétoriens corrom-
« pus... A leur cri de fol défi, elle a poussé devant elle
« ....
« ...., et, avec eux, elle est descendue
« comme le torrent de la montagne dans tes vallées, dans tes
« plaines,... et tout a été emporté !...

  « Ecoute ces ....
  « La nation du........... ....
« .... d'accomplir . ...;...
« ....:... elle vient de ....

----

(1) L'état de siége ne nous permet pas de reproduire les passages remplacés par
des points. Cette suppression sera réparée dans une édition ultérieure.

« .... cités;... fut-il jamais pour tes fils une ran-
« çon plus juste de leur longue apostasie ! »

LA FRANCE.

Hélas ! quelle douleur est égale à la mienne?...

LE GÉNIE.

« Ma fille, relève-toi,... je t'envoie l'espérance !... » (*Le
génie lui pose la main sur le front; aussitôt une étoile brille au-
dessus de son front. La tristesse accablante de la France fait place
peu à peu à une tristesse plus douce, à un sentiment de joie calme.*)

LE GÉNIE, *la quittant.*

« Va... et dis à tes fils : « Brisez l'idole, et reprenez la
« sagesse de vos pères ». Lorsque tes fils auront obéi, les trois
« nobles filles de la Victoire : la Foi !... la Discipline !... la
« Valeur!... les conduiront au ...., et tes
« .... !... déjà elles
« ...., et l'air commence à retentir de leurs cris
« de regrets et d'amour !... »

*A ce moment on entend de la terre d'exil les chants qui
suivent* (1) :

(1) L'état de siége ne nous permet pas de reproduire les chœurs, et le tableau qui
terminent la pièce.

Bar-le-Duc. — Typ. L. Guérin.

ERRATA

—

Pag.	Lig.	Au lieu de :	Lisez :
1	9	les administrés	des administrés
4	2	nous *fonctionnaires...*	nous... *fonctionnaires...*
11	20	ce frémissement de formes	ce frémissement des formes
11	26	du ciseau qui créait Pygmalion.	du ciseau de Pygmalion.
12	1	Je suis indignée	Je fuis indignée
14	27	Betinel, les Lucrèce	Betinel ; les Lucrèce
16	27	Monsieur le Préfet. (*Il marche.*)	Monsieur le Préfet ! (*Il marche.*)
17	8	Je brave tout pour faire	Je brave tout, pour faire
17	17	à l'improviste —	à l'improviste ; —
17	20	ça l'agace —	ça l'agace ; —
17	26	à la ronde et (*en souriant*)	à la ronde (*souriant*)
17	28	C'est tout. — (*en riant,*	C'est tout. — (*Riant,*
18	23	mes bons employés — vous êtes	mes bons employés ; — vous êtes
20	20	du Conseil, après emploi.	du Conseil, *après emploi.*
22	14	pas — 1000 francs	pas ; — 1,000 francs
28	8	le public est dans le secret.	le public n'est pas dans le secret.
30	4	lieu *d'instruire, faire suivre*	lieu *d'instruire ; faire suivre*
48	20	est impropre. C'est une faute.	est impropre; c'est une faute.
51	15	son crédit sera éteint,	son crédit sera atteint,
56	6	ons du bien-être.	tons du bien-être.
58	19	échauffons nos cœurs	réchauffons nos cœurs
61	5	*t enir l'Empereur.*	*tenir l'Empereur.*

9 782329 018416